D1720419

Andreas Noak

# Business Rules – Geschäftsregeln

## Konzepte, Modellierungsansätze, Softwaresysteme

disserta
Verlag

**Noak, Andreas: Business Rules – Geschäftsregeln: Konzepte, Modellierungsansätze, Softwaresysteme. Hamburg, disserta Verlag, 2014**

Buch-ISBN: 978-3-95425-458-3
PDF-eBook-ISBN: 978-3-95425-459-0
Druck/Herstellung: disserta Verlag, Hamburg, 2014
Covermotiv: © carlosgardel – Fotolia.com

**Bibliografische Information der Deutschen Nationalbibliothek:**
Die Deutsche Nationalbibliothek verzeichnet diese Publikation in der Deutschen
Nationalbibliografie; detaillierte bibliografische Daten sind im Internet über
http://dnb.d-nb.de abrufbar.

© disserta Verlag, Imprint der Diplomica Verlag GmbH
Hermannstal 119k, 22119 Hamburg
http://www.disserta-verlag.de, Hamburg 2014
Printed in Germany

# Inhaltsverzeichnis

# Abkürzungsverzeichnis

| | |
|---|---|
| ANSI | American National Standards Institute |
| API | Application Programming Interface |
| BMM | Business Motivation Model |
| BPEL | Business Process Execution Language |
| BPMN | Business Process Modeling Notation |
| BPMS | Business Process Management System |
| BRG | Business Rules Group |
| BRM | Business Rules Manifest |
| BRMS | Business Rules Management Systeme |
| BWW | Bunge-Wand-Weber |
| CEP | Complex Event Processing |
| CIM | Computation Independent Model |
| DBMS | Datenbankmanagementsystem |
| ECA | Event-Condition-Action |
| ECOOP | European Conference on Object-Oriented Programming |
| EDV | elektronische Datenverarbeitung |
| EPE | Eriksson-Penker-Extensions |
| ERP-Systeme | Enterprise Resource Planning-Systeme |
| ER-Diagramm | Entity-Relationship-Diagramm |
| ER-Modell | Entity-Relationship-Modell |
| ESB | Enterprise Service Bus |
| FCL | Formal Contract Logic |
| IRL | ILOG Rule Language |
| ISR | Information Systems Research |
| IT | Informationstechnik |
| MDA | Model Driven Architecture |
| MISQ | MIS Quarterly |
| MOF | Meta Object Facility |
| OCL | Object Constraint Language |
| ODM | Ontology Definition Metamodell |
| OMG | Object Management Group |
| ORM | Object-Role Modelling |
| OWL | Web Ontology Language |
| PIM | Platform Independent Model |
| PSM | Platform Specific Model |
| RDF | Ressource Description Framework |
| RuleML | Rule Markup Language |
| SBVR | Semantics of Business Vocabulary and Business Rules |
| SBVR-SE | SBVR Structured English |
| SOA | Serviceorientierte Architektur |
| SOAP | Simple Object Access Protocol |
| SRML | Simple Rule Markup Language |

| | |
|---|---|
| SQL | Structured Query Language |
| SWRL | Semantic Web Rule Language |
| UDDI-Standard | Universal Description, Discovery and Integration Standard |
| UML | Unified Modelling Language |
| ViDRE | Vienna Distributed Rules Engine |
| WI | Wirtschaftsinformatik (Zeitschrift) |
| WfMS | Workflow-Management-Systeme |
| WSDL | Web Services Description Language |
| XML | Extensible Markup Language |
| XPDL | XML Process Definition Language |

# Abbildungsverzeichnis

# Tabellenverzeichnis

# 1 Problemstellung, Ziele und Methoden

Der Begriff des Wirtschaftens wird in den Wirtschaftswissenschaften als planvolle Verfügung über knappe Mittel zur Bedürfnisbefriedigung definiert[1], impliziert also die Konformität des wirtschaftlichen Handelns mit bestimmten Regeln. Im unternehmerischen Kontext reicht das Spektrum dieser Regeln von gesetzlichen Vorgaben über branchenspezifische Sachzwänge bis hin zu unternehmenseigenen Arbeitsanweisungen, ist also sowohl der Herkunft als auch der zugrundeliegenden Motivation und dem Grad der Verbindlichkeit nach überaus breit angelegt. Die Bereitstellung geeigneter Informations- und Kommunikationstechnologie zur Unterstützung der Unternehmen bei der Einhaltung dieser Regeln kann dabei als zentrales Anliegen der Wirtschaftsinformatik aufgefasst werden.

Deren Fokus lag zu Beginn der digitalen Revolution in den späten 1970er und frühen 1980er Jahren noch auf der Optimierung und Rationalisierung der internen Geschäftsausführung durch möglichst weitreichende Automatisierung der Geschäftsprozesse, während den Aspekten der Flexibilität und Portabilität von Informationssystemen zunächst nur wenig Beachtung zukam[2]. Der seitdem stetig zunehmende Einfluss einiger externer Rahmenbedingungen hatte jedoch zur Folge, dass den Unternehmen in immer kürzeren Abständen immer größere Anpassungsleistungen abverlangt wurden, um am Markt bestehen zu können. Die aufgrund des rapiden technologischen Fortschritts gestiegene Produktkomplexität, die zunehmende Produktdifferenzierung bei gleichzeitig abnehmenden Produktlebenszyklen, als Folge einer zunehmenden Marktdominanz der Nachfrageseite und eines gewachsenen Einflusses des Kunden auf die Produktgestaltung, und nicht zuletzt die durch Marktsättigung und Globalisierung veränderte Wettbewerbssituation können hier als Treiber des Wandels exemplarisch genannt werden. Vor diesem Hintergrund wird die Flexibilität elektronischer Datenverarbeitung (EDV) in ihrer Bedeutung inzwischen als zu den eingangs genannten Automatisierungsbestrebungen mindestens gleichwertig[3], wenn nicht sogar als entscheidender Wettbewerbsvorteil im Einsatz des kritischen Erfolgsfaktors Informationstechnik (IT) eingeordnet[4].

Der Begriff „Business Rules" (zu Deutsch: „Geschäftsregeln") verweist innerhalb der Wirtschaftsinformatik auf einen Ansatz, der eine von den Regeln eines Betriebes ausgehende Modellierung und Implementierung der Informationssysteme postuliert. Die Betrachtung von Geschäftsregeln als eigenständige Erkenntnisobjekte zielt dabei insbesondere darauf ab, diese von den Systemkomponenten der Datenhaltungs- und Anwendungsschicht konzeptionell und technisch zu entkoppeln, und in den Verantwortungsbereich der Fachseite zu übertragen. Zu diesem Zweck wird die Entwicklung einer Notation angestrebt, die sich zwar an der Sprache der fachlichen Wissensträger orientiert, zugleich aber auch den formalen Anforderungen für eine informationstechnische Umsetzung genügt. Die besondere praktische Bedeutung des Business-Rules-Ansatzes beruht folglich auf der Intention, durch Kapselung der vergleichsweise volatilen, fachspezifischen Systembestandteile eines Informationssystems dessen Anpassungsfähigkeit, und damit die Flexibilität der gesamten Organisation zu verbessern.

---

[1] Vgl. *KORNDÖRFER* (2003), S. 4
[2] Vgl. *ENDL* (2004), S. VI
[3] Vgl. *SCHEER/WERTH* (2005), S. 1
[4] Vgl. *ENDL* (2004), S. 20

Obwohl das Thema Geschäftsregeln die Wirtschaftsinformatik, wie eingangs dargelegt, im Kern berührt, finden sich in der wissenschaftlichen Literatur relativ wenige dedizierte Ausarbeitungen. Zudem werden teilweise unterschiedliche Auffassungen darüber vertreten, wie weit der Begriff der Geschäftsregel gefasst werden soll. Werden etwa von einigen Publikationen auch extern vorgegebene, also z. B. naturgesetzliche oder rechtliche Restriktionen einbezogen, beschränken sich andere auf die Menge der Regeln, deren Gestaltung im Einflussbereich der Organisation verbleiben.

In ähnlicher Weise existieren unterschiedliche Ansätze, Geschäftsregeln anhand verschiedener verfügbarer Quellen zu identifizieren, nach bestimmten Kriterien zu klassifizieren, durch Notationen und Modelle darzustellen, in bestehende oder neu zu entwickelnde Informationssystem-Architekturen konzeptionell und technisch zu integrieren sowie fortlaufend zu evaluieren und verwalten.

Die Motivation dieser Arbeit besteht vor diesem Hintergrund darin, in der wissenschaftlichen Literatur zur Wirtschaftsinformatik sowohl im deutsch-, als auch im englischsprachigen Raum vorzufindende Konzepte, Modellierungs- und Implementierungsansätze von Geschäftsregeln zusammenzutragen, die selektierten Beiträge nach inhaltlichen, methodischen und historischen Gesichtspunkten zu systematisieren, und zueinander in Beziehung zu setzen. Anhand der Gesamtbetrachtung der Ergebnisse sollen schließlich etwaige Defizite des erreichten Forschungsstandes und daraus resultierende Forschungsschwerpunkte der Zukunft identifiziert werden können.

Methodisch wird die Erreichung der skizzierten Ziele mit Hilfe einer vergleichenden Literaturanalyse verfolgt, deren Ergebnis in der Wirtschaftsinformatik verschiedentlich als „Review" bezeichnet wird. Nach *FETTKE*[5] basiert ein Review auf einer Menge von Primäruntersuchungen zu einer Forschungsfrage, ohne selbst neue primäre Ergebnisse zu dieser Forschungsfrage zu präsentieren. Es zielt insbesondere darauf ab, die Ergebnisse der ausgewählten Beiträge zu beschreiben, zusammenzufassen und zu bewerten. Auf Basis der Gesamtheit aller gesammelten und systematisierten Beiträge werden schließlich die angestrebten Schlussfolgerungen über den „State-of-the-Art", den derzeitigen Forschungsstand zum Business-Rules-Ansatz zu ziehen sein.

In Kapitel 2 werden zunächst einige für das Verständnis dieser Arbeit wesentliche Begriffe eingeführt, ohne jedoch bereits auf den Geschäftsregelbegriff selbst einzugehen, dessen Klärung – als eines der zentralen Hauptanliegen dieser Arbeit – mit Kapitel 4 bereits dem einleitenden Kapitel des Hauptteils vorbehalten bleibt. Zuvor erfolgen in Kapitel 3 eine ausführliche Beschreibung der bei der Literatursuche, -selektion und -auswertung zugrunde gelegten Vorgehensweisen und Bewertungsmaßstäbe, sowie eine Kategorisierung der selektierten Quellen nach diesen Maßstäben.

Der sich daran anschließende Hauptteil der Arbeit fasst die Ergebnisse der Literaturrecherche nach bestimmten Aspekten zusammen: Kapitel 4 setzt sich nicht nur mit den Unterschieden und Gemeinsamkeiten der in der Literatur vertretenen Begriffsverständnisse des Geschäftsregelbegriffes auseinander, sondern auch mit der damit eng verbundenen Frage nach der Art und Weise, in der Geschäftsregeln als solche identifiziert werden.

---

[5] Vgl. *FETTKE* (2006), S. 258.

Unter dem Aspekt der Klassifizierung von Geschäftsregeln wird in Kapitel 5 dargestellt, nach welchen Kriterien die Menge aller Geschäftsregeln in der Literatur unterschieden wird, wobei auch die im vorangegangenen Kapitel identifizierten konzeptionellen Unterschiede mit in die Betrachtung einfließen. Mit Kapitel 6 folgt eine vergleichende Analyse der in der Literatur diskutierten Möglichkeiten der Notation und Modellierung. Die technische Umsetzung von Geschäftsregeln in Softwaresystemen ist schließlich Gegenstand des Kapitels 7, in dem neben den in der Literatur betrachteten Konzepten zur Implementierung von Geschäftsregeln und Einbindung in bestehende oder neu zu konzipierende Softwarearchitekturen abschließend auch die Möglichkeiten ihrer Verwaltung im laufenden Betrieb diskutiert werden.

Innerhalb der betrachteten Aspekte wird nicht nur eine Systematisierung nach inhaltlichen Aspekten vorgenommen, sondern auch nach methodischen, d. h. nach der Wahl der zugrundeliegenden Erkenntnisinstrumente. Historischen Entwicklungsverläufen wird dahingehend Rechnung getragen, dass bei der Darstellung der jeweiligen Aspekte auf die chronologische Reihenfolge der zugrunde liegenden Beiträge explizit Bezug genommen wird.

Auf Grundlage der systematisierten Beiträge wird in Kapitel 8 ein abschließendes Urteil darüber zu fällen sein, welcher Forschungsstand zu den einzelnen Aspekten des Business-Rules-Ansatzes erreicht wurde, und welche Implikationen sich daraus für künftige Forschungsbestrebungen ergeben.

# 2 Grundlagen und Begriffsdefinitionen

## 2.1 Modellierung und Notation

Der Modellbegriff ist grundsätzlich sehr weit gefasst, und schließt sowohl ikonische oder materiale Modelle, als auch sprachlich-semantische Modelle ein[6]. Ganz allgemein kann ein Modell als zweckorientiertes, verkürztes Abbild der Wirklichkeit verstanden werden[7]. Durch die Verkürzung werden nur solche Attribute des repräsentierten Originals dargestellt, die den jeweiligen Modellerschaffern oder -benutzern relevant erscheinen, d. h. es findet eine zweckentsprechende Einschränkung des Modellumfanges auf bestimmte Teilaspekte des abgebildeten Ursystems statt, im Kontext der Wirtschaftsinformatik etwa auf Daten, Funktionen oder Geschäftsprozesse.

Der Begriff der Modellierung bezeichnet die Erstellung eines Modells[8], die in der Wirtschaftsinformatik zumeist mithilfe der formalen oder semiformalen Notation einer bestimmten Modellierungssprache erfolgt. Eine Notation dient somit der Darstellung der zu modellierenden Objekte, Beziehungen und Abläufe mit Hilfe einer gegebenen Menge symbolischer Zeichen nach standardisierten Regeln. Der Beschreibungsrahmen einer Modellierung lässt sich wiederum durch ein sog. Meta-Modell darstellen, das die verfügbaren Arten von Modellbausteinen und deren Beziehungen zueinander spezifiziert[9].

Der Begriff „Model Driven Architecture" (MDA) bezeichnet schließlich einen Ansatz zur Entwicklung von Software, bei dem aus einem Modell heraus Quellcode generiert, die entworfenen, theoretischen Strukturen also automatisiert in ein reales, funktionsfähiges System überführt werden können. Diese Transformation vollzieht sich dabei in mehreren Schritten: Von einem fachlichen Unternehmensmodell („Computation Independent Model", CIM) in ein plattformunabhängiges („Platform Independent Model", PIM), und von diesem wiederum in die Zielsprache ein plattformspezifischen Modells („Platform Specific Model", PSM)[10].

## 2.2 Geschäftsprozess und Workflow

Unter einem Geschäftsprozess wird im Allgemeinen eine inhaltlich abgeschlossene, zeitlich-sachlogische Abfolge von Aktivitäten verstanden, die zur Bearbeitung eines für die Leistungserbringung des Unternehmens relevanten Objekts, etwa eines Kundenauftrages, erforderlich sind. Ein Geschäftsprozess stellt damit die Abstraktion eines Arbeitsablaufes der organisationalen Ablauforganisation, eine Aktivität einen elementaren Arbeitsschritt in diesem Ablauf dar[11].

Unter Zugrundelegung des Modellbegriffes können Geschäftsprozessmodelle als zweckorientierte, verkürzte Abbildungen von Geschäftsprozessen definiert werden, wobei sich die Ver-

---

[6] Vgl. GABLER WIRTSCHAFTSLEXIKON (2012)
[7] Vgl. STACHOWIAK (1973), S. 131
[8] Vgl. MERTENS/BACK (2001), S. 312
[9] MERTENS/BACK (2001), S. 312
[10] Vgl. LINEHAN (2008), S. 187
[11] Vgl. ENDL (2004), S. 14

kürzung – der jeweiligen Zielsetzung oder Perspektive entsprechend - sowohl auf Teilprozesse des Geschäftsprozesses, als auch auf ergänzende Merkmale beziehen kann[12]. Die Darstellung der zeitlich-logischen Abhängigkeiten zwischen den einzelnen Aktivitäten, Ereignissen und Zustandsveränderungen von Objekten wird nachfolgend als Kontrollfluss bezeichnet.

Neben der einen Geschäftsprozess konstituierenden Abfolge von Aktivitäten kommen als ergänzende Attribute insbesondere In- und Outputs von Daten bzw. Informationen sowie die an der Aufgabenerledigung beteiligten Organisationseinheiten und konkreten menschlichen oder maschinellen Ressourcen in Betracht[13]. Die Erhebung, Gestaltung, Dokumentation und Umsetzung von Geschäftsprozessen erfolgt im Rahmen des Geschäftsprozessmanagements[14].

Der Begriff Workflow bezeichnet die Implementierung eines Geschäftsprozesses oder Teilen davon mit Hilfe der Informationstechnologie, Workflow-Management die dazugehörige Implementierungstechnik. Hierbei werden die zu implementierenden Workflows mit Hilfe einer zumeist grafischen Spezifikation modelliert. Da das Resultat dieser Modellierung bereits ein ausführbarer Workflow ist, sind die Anforderungen an deren Präzision, Vollständigkeit, Eindeutigkeit und Konsistenz wesentlich höher, als dies im Rahmen der Geschäftsprozessmodellierung der Fall ist[15].

Workflow-Management-Systeme (WfMS) stellen letztlich Informationssysteme dar, die zur Steuerung, Koordination, Abwicklung und Kontrolle von Geschäftsprozessen eingesetzt werden, indem sie die Zusammenarbeit der beteiligten Akteure nach festgelegten Regeln und Methoden unterstützen[16].

## 2.3 Web Services und Serviceorientierte Architekturen

Unter Webservices sind autonome, gekapselte Softwareanwendungen zu verstehen, die eine genau definierte Funktion erfüllen, und über ein Netzwerk als Teil eines Geschäftsprozesses in dessen Ausführung integriert werden können[17]. Sie basieren damit auf dem Konzept der komponentenbasierten Softwareerstellung, das, wie das Paradigma der Objektorientierung, die Verbesserung der Veränderbarkeit und Wiederverwendbarkeit durch Modularisierung postuliert. Als Komponenten verfügen Webservices - wie Objektklassen – über Attribute, Funktionen und Schnittstellen zum wechselseitigen Austausch von Informationen, repräsentieren aber einen größeren Bestandteil des gesamten Anwendungssystems[18]. Der Vorgang der aktiven Komposition eines Geschäftsprozesses aus Diensten wird als „Orchestrierung" bezeichnet[19]. Die am weitesten verbreitete Prozessspezifikationssprache zur Orchestrierung ist die Business Process Execution Language (BPEL).

Serviceorientierte Architekturen (SOA) bezeichnen eine Systemarchitektur, die eine plattform- und sprachenneutrale Nutzung und Wiederverwendung verteilter, heterogener Dienste

---

[12] Vgl. MERTENS/BACK (2001), S. 210
[13] Vgl. MERTENS/BACK (2001), S. 211
[14] Vgl. GABLER WIRTSCHAFTSLEXIKON (2012)
[15] MERTENS/BACK (2001), S. 513
[16] Vgl. HANSEN (1998), S. 252
[17] Vgl. MERTENS et al. (2010), S. 25 und 75
[18] Vgl. GRAHAM (2007), S. 26
[19] Vgl. Enzyklopädie der Wirtschaftsinformatik (2012)

ermöglicht, die von unterschiedlichen Besitzern zur Verfügung gestellt werden. Die technische und funktionale Unabhängigkeit der Dienste voneinander wird als „lose Kopplung" bezeichnet. Die Spezifikation der Schnittstellen und Funktionen eines Dienstes wird durch den Serviceanbieter beschrieben („Service Description") und in einem Serviceverzeichnis abgelegt, das von den potentiellen Servicenutzern aufgerufen und durchsucht werden kann[20]. Die Kommunikation zwischen Anbietern, Nutzern und Serviceverzeichnis erfolgt über Nachrichten einer formal definierten Sprache[21] und wird durch den sog. Enterprise Service Bus (ESB) als zentraler Infrastrukturkomponente gesteuert[22].

Webservices stellen letztlich ein konkrete Implementationsform von SOA dar, indem sie die Standards und Technologien des Internets zur Verfügung stellen: Zum Datenaustausch zwischen Applikationen in Netzwerken kommt etwa das Simple Object Access Protocol (SOAP), zur Beschreibung der Web Services die Web Services Description Language (WSDL), und als Serviceverzeichnis der Universal Description, Discovery and Integration (UDDI)-Standard zum Einsatz[23].

Der Begriff des Webservice wird zuweilen mit dem des (Software-)Agenten gleichgesetzt[24]. GRAHAM verweist jedoch auf die uneinheitliche Verwendung des Agentenbegriffs. Er charakterisiert sie als verteilte Einheiten, die sich durch autonomes Verhalten sowie die Fähigkeit auszeichnen, mit anderen Agenten durch den Austausch von Nachrichten zu verhandeln. Darüber hinaus unterscheidet er zwischen einfachen, reaktiven Agenten und „intelligenten", die u. a. über eine Wissensbasis, die Fähigkeit, Schlussfolgerungen zu ziehen und neues Wissen zu generieren sowie übergeordnete Ziele verfügen, die sie eigenständig verfolgen[25]. Letztlich kann aber jeder Software-Agent auch als Anbieter und Konsument von Diensten verstanden werden[26].

## 2.4 IT-Compliance und IT-Governance

Unter den Stichwörtern IT-Compliance und IT-Governance wird in der wissenschaftlichen Literatur zur Wirtschaftsinformatik vor allem seit Mitte der vergangenen Dekade ein Forschungsgegenstand intensiv untersucht, der sich, wie der Business Rules–Ansatz, mit der Einhaltung von Regeln in unternehmerischem Kontext auseinandersetzt. Im Jahr 2007 wurde folgende Definition des Compliance-Begriffes in den Deutschen Corporate Governance Codex aufgenommen, einem Leitfaden der Bundesregierung, der insbesondere Empfehlungen für ethische Verhaltensweisen börsennotierter Gesellschaften zum Schutz bestimmter Stakeholdergruppen definiert: *„Der Vorstand hat für die Einhaltung der gesetzlichen Bestimmungen und der unternehmensinternen Richtlinien zu sorgen und wirkt auf deren Beachtung durch die Konzernunternehmen hin"*[27]. Unter Compliance ist mit anderen Worten *„die Einhaltung sämtlicher für das jeweilige Unternehmen relevanten gesetzlichen Pflichten, Vorschrif-*

---

[20] Vgl. OEY et al. (2005), S. 208

[21] Vgl. GRAHAM (2007), S. 20

[22] Vgl. MERTENS et al. (2010), S. 25 f.

[23] Vgl. GRAHAM (2007), S. 37

[24] Vgl. PASCHKE/KOZLENKOV (2008), S. 1409

[25] Vgl. GRAHAM (2007), S. 32 f.

[26] Vgl. GRAHAM (2007), S. 36

[27] DEUTSCHER CORPORATE GOVERNANCE CODEX (2007), S. 6

*ten und Richtlinien*"[28] zu verstehen. Demzufolge bezeichnet der Begriff der IT-Compliance einen Zustand, in dem die IT eines Unternehmens diesen Vorgaben entspricht. Unter die einzuhaltenden Anforderungen fallen dabei nicht nur Regelungen mit direktem IT-Bezug wie datenschutzrechtliche Vorschriften oder Protokollierungspflichten, sondern auch alle sonstigen, deren Einhaltung aus bloßen Rationalisierungsgründen automatisiert unterstützt wird, wie etwa im Bereich der Finanzbuchhaltung[29].

Unterschiedliche Auffassungen finden sich hingegen zur Verwendung des Begriffes der Corporate Governance: Während *WECKER/GALLA* diesem neben einer verantwortungsvollen Unternehmenssteuerung durch die Unternehmensleitung auch die Einhaltung gesetzlicher Vorschriften subsumieren[30], umfasst er bei *MÜLLER/TERZIDIS* ausschließlich unternehmensintern gesteckte Vorgaben[31]. Legt man das erstgenannte Begriffsverständnis zugrunde, folgt daraus, dass dieses den Begriff der Compliance mit einschließt. Hierauf aufbauend kann IT-Governance als Summe aller Führungs- und Organisationsmaßnahmen verstanden werden, die sicherstellen sollen, dass die IT eines Unternehmens zur Einhaltung der Organisationsstrategie und Erreichung der Organisationsziele beiträgt[32].

Ein Grund für die zuletzt stark gestiegene Relevanz von IT-Compliance und -Governance ist in den staatlichen Regulierungs- und Sanktionierungsmaßnahmen zu sehen, die den Wirtschaftsskandalen und -krisen der jüngeren Vergangenheit, etwa der sog. Subprime-Krise, geschuldet waren[33].

---

[28] *WECKER / GALLA* (2009), S. 50
[29] Vgl. *BÖHM* (2009), S. 50
[30] *WECKER / GALLA* (2009), S. 50
[31] Vgl. *MÜLLER/TERZIDIS* (2008), S. 341
[32] Vgl. *FREIDANK/PEEMÖLLER* (2008), S. 247
[33] Vgl. *SACKMANN* (2008), S. 39

# 3 Literatur

## 3.1 Literatursuche

### 3.1.1 Suche in Online-Katalogen

Nach hinreichender Eingrenzung des zu analysierenden Erkenntnisgegenstandes wurde mit der Suche nach wissenschaftlichen Beiträge zum Thema in Online-Katalogen begonnen. Den Ausgangspunkt der Recherche bildete der Online-Katalog der Universitätsbibliothek Hagen. Als Suchbegriffe wurden darin nacheinander die Schlagwörter „Geschäftsregel", „Geschäftslogik", „regelbasierte Systeme", „Business Rule", „Business Rule Engine", „OMG Semantics of Business Vocabulary and Rules" und „RuleML" verwendet, und die Treffer einer individuellen Sichtung unterzogen. Voraussetzung für eine Wertung als Treffer war dabei eine explizite Adressierung des Themas „Geschäftsregeln" als Gegenstand des Erkenntnisinteresses.

Dieselbe Vorgehensweise wurde im Anschluss auf die Datenbanken der DigiBib, einem Angebot des Hochschulbibliothekszentrums des Landes Nordrhein-Westfalen, sowie auf die Online-Recherche-Funktion der Literaturverwaltungssoftware Citavi angewandt. Weitere Suchanfragen wurden mit dem Schlagwort „Business Rule" an die Suchmaschinen Google Scholar und CiteSeer gerichtet.

Die Recherche ergab, dass das Thema Geschäftsregeln vorwiegend in Beiträgen zu Fachtagungen und wissenschaftlichen Zeitschriften behandelt wird. Durch den Verweis auf Tagungen und Workshops speziell zum Thema Geschäftsregeln ergaben sich Anknüpfungspunkte zu weiteren Recherchen. Dabei wurde u. a. ein Service der Universität Trier genutzt, die eine umfassende Übersicht über Fachtagungen aus dem Bereich Wirtschaftsinformatik und eine entsprechende Suchfunktion zu deren Beiträgen und Autoren zur Verfügung stellt:

http://www.informatik.uni-trier.de/~ley/db/

Eine Vielzahl von Beiträgen konnte direkt über diesen Service sowie über Online-Angebote von Verlagen und Organisationen bezogen werden. Schließlich wurde auch auf das Online-Angebot der Business Rules Group (BRG) zugegriffen, einem US-amerikanischen Expertenkreis aus Beratern der IT-Branche[34], der im Jahr 1997 aus der zur Definition und Kategorisierung von Geschäftsregeln gegründeten Projektgruppe *GUIDE* hervorgegangen war und den Business Rules-Ansatz sowie die wissenschaftliche Forschung dazu erheblich beeinflusst hat:

http://www.businessrulesgroup.org/home-brg.shtml

Beiträge, die nicht direkt über das Internet bezogen werden konnten, wurden in kopierter Form über die Universitätsbibliothek angefordert. Schließlich wurden auch die Literaturverzeichnisse der gesammelten Publikationen untersucht, und nach den Kriterien der Literaturselektion ggf. weitere Beiträge ausgewählt[35].

---

[34] U. a. DAVID HAY, KERI HEALY, TERRY MORIARTY, RONALD ROSS, WARREN SELKOW, BARBARA VON HALLE UND JOHN ZACHMAN
[35] Vgl. Kap. 3.2

Insgesamt konnten durch die Suche in Online-Katalogen und die sich daran anschließenden Recherchen mehrere hundert relevante Beiträge identifiziert werden.

## 3.1.2 Suche in ausgewählten Publikationen

Neben Online-Suchmaschinen wurden auch gezielt einzelne, namhafte Fachzeitschriften und –tagungen betrachtet, um aus dem Raum, welcher der Behandlung des Themas Geschäftsregeln darin gegeben wurde, Rückschlüsse auf die in der Wirtschaftsinformatik beigemessene Bedeutung ziehen zu können. Finden sich in diesen thematisch breit gefächerten Publikationen keine Beiträge, so ist die Bedeutung des Themas aus wissenschaftlicher Sicht gering einzustufen.

Eine Vorstellung der wichtigsten Zeitschriften der Wirtschaftsinformatik im deutsch- und englischsprachigen Raum, deren Beiträge wissenschaftlichen Ansprüchen genügen, findet sich bei *HEINRICH/HEINZL/ROITHMAYR*[36]. Weitere Empfehlungen wurden der Online-Fassung der Enzyklopädie der Wirtschaftsinformatik entnommen[37].

Tabelle 1 enthält eine Übersicht über die Anzahl der wissenschaftlichen Beiträge in den selektierten Periodika mit inhaltlichem Bezug zu Geschäftsregeln, sofern sich diese Themensetzung an Titel und Abstract erkennen ließ:

**Tab.1:** Periodika mit Beiträgen zum Thema Geschäftsregeln

| Zeitschrift | erschienen seit[38] / durchsucht ab Jg. | Anzahl Beiträge |
|---|---|---|
| HMD – Praxis der Wirtschaftsinformatik | 1964 / 1994 | 0 |
| Information and Management | 1977 / 1977 | 1[39] |
| Information Systems Research (ISR) | 1990 / 1990 | 0 |
| Information Systems and eBusiness Management | 2003 / 2003 | 0 |
| MIS Quarterly (MISQ) | 1977 / 1977 | 0 |
| Wirtschaftsinformatik (WI) | 1959 / 1999 | 0 |

Außerhalb der betrachteten Jahrgänge wurde im Rahmen anderweitiger Recherchen ein weiterer Beitrag in der Zeitschrift „Wirtschaftsinformatik" aus dem Jahr 1995 identifiziert[40].

Im Bereich der Fachtagungen können als für den europäischen Raum repräsentativ die seit 1993 jährlich abwechselnd stattfindende „Internationale Tagung Wirtschaftsinformatik" und

---

[36] Vgl. *HEINRICH/HEINZL/ROITHMAYR* (2007), S. 339
[37] Vgl. Enzyklopädie der Wirtschaftsinformatik (2012)
[38] Die Zeitschriften „WIRTSCHAFTSINFORMATIK" und „HMD – Praxis der Wirtschaftsinformatik" erscheinen im zweimonatigen Intervall, alle übrigen quartalsweise.
[39] *NELSON* et al. (2010)
[40] *HERBST/KNOLMAYER* (1995)

„Multi-Konferenz Wirtschaftsinformatik" gelten, bei der in den Anfängen ca. 40 bis 50, in späteren Jahren dann bis zu weit über 100 Beiträge behandelt wurden. Eine Überprüfung der auf der o. g. Homepage der Universität Trier veröffentlichten Tagungsinhalte[41] hat ergeben, dass lediglich jeweils ein einziger Beitrag mit Bezug zum Thema Geschäftsregeln darin enthalten war[42].

Ergänzend sei erwähnt, dass sich seit Ende der 1990er Jahre eigenständige Tagungen und Workshops mit Ausrichtung auf Geschäftsregeln herausgebildet haben, z. B. das seit 2002 unter wechselnder Bezeichnung stattfindende „Rule Symposium[43]" sowie der einmalige Workshop „Tools and Environments for Business Rules" im Rahmen der „European Conference on Object-Oriented Programming (ECOOP)". Dennoch ist mit Blick auf die repräsentativen Fachzeitschriften und Fachtagungen der Wirtschaftsinformatik die Bedeutung des Themas Geschäftsregeln zusammenfassend als gering einzustufen.

## 3.2 Monografien

Als Literaturquellen der Wirtschaftsinformatik kommen insbesondere Monografien in Betracht. Neben Dissertationen wurden ca. 20 Monografien identifiziert, die in erster Linie eine Umsetzung des Business Rules-Ansatzes oder bestimmter Aspekte davon in der Praxis adressieren. Auch wenn diese Monografien nicht in erster Linie auf wissenschaftliche Belange ausgerichtet sind, haben einige davon das Forschungsfeld erheblich beeinflusst, und werden dementsprechend auch in den gesichteten wissenschaftlichen Beiträgen regelmäßig zitiert. Sofern dies im Einzelfall zutrifft, wurde diese Monografie mit berücksichtigt.

Zur Kategorisierung von Schwerpunkten betrachteter Publikationen werden an dieser Stelle, in Anlehnung an den Aufbau dieser Arbeit, folgende Aspekte des Business Rules-Ansatzes eingeführt:

**Tab. 2:** Aspekte des Business Rules-Ansatzes

| Aspekt | Beschreibung |
|---|---|
| Begriff und Bedeutung | Der Begriff der Geschäftsregel und die Bedeutung des Business Rules-Ansatzes für die Wirtschaftsinformatik und bestehende Paradigmen der Entwicklung von Informationssystemen |
| Identifikation | Die Ableitung von Geschäftsregeln aus gegebenen Quellen |
| Klassifikation | Die Einteilung von Geschäftsregeln nach Kategorien |
| Modellierung | Die Darstellung von Geschäftsregeln in grafischer, sprachlich-semantischer oder tabellarischer Form |
| Implementierung | Die automatisierte Ausführung von Geschäftsregeln bzw. Transformation in ausführbaren Code sowie die Einbindung entsprechender Technologien in Softwaresysteme |

---

[41] Die Tagungsbände der Tagung Wirtschaftsinformatik wurden ab 1999, die der Multikonferenz Wirtschafsinformatik ab 2002 überprüft.

[42] *Petsch/Pawlaszczyk/Schorcht* (2007) und *Paschke/Kozlenkov* (2008)

[43] Ursprünglich "International Workshop on Rule Markup Languages for Business Rules on the Semantic Web"

| Verwaltung | Das Management von Geschäftsregeln im laufenden Betrieb |
|---|---|
| Projektierung | Die Präsentation von Vorgehensmodellen zur Einführung bzw. Entwicklung von Informationssystemen auf Basis des Business Rules-Ansatzes |

Diejenigen Monografien, die den Themenbereich der Projektierung adressieren, bereiten zugleich Informationen zu den übrigen Themenbereichen auf, betten diese jedoch in ein explizites Vorgehensmodell ein. VON HALLE schlägt mit ihrer „STEP-Methodologie" etwa die Einführung eines geschäftsregelbasierten Systems in 15 Schritten vor. Eine Gegenüberstellung der verschiedenen Vorgehensmodelle liegt zwar außerhalb des inhaltlichen Spektrums dieser Arbeit. Soweit bei der Beschreibung der Vorgehensmodelle auch die übrigen Themenbereiche behandelt werden, fließen diese Betrachtungen jedoch in die Arbeit mit ein.

Nachstehende Tabelle enthält eine Übersicht über die für diese Arbeit gesichteten Monografien, deren Autoren, Erscheinungsjahre und inhaltliche Schwerpunkte. Als Schwerpunkt werden Aspekte dann gewertet, wenn ihnen mindestens ein Kapitel der obersten Gliederungsebene gewidmet ist. Auf den Themenbereich „Begriff und Bedeutung" wird in allen betrachteten Monografien in einem oder zwei einleitenden Kapiteln eingegangen, der Aspekt wird daher nicht mehr explizit aufgeführt.

Tab. 3: Übersicht über die Monografien

| Nr. | Autor(en) | Jahr | Schwerpunkte |
|---|---|---|---|
| | | *I.* | *Dissertationen* |
| 1 | HERBST | 1997 | Klassifikation und Modellierung |
| 2 | ENDL | 2004 | Modellierung, Implementierung und Verwaltung |
| 3 | STRUKELJ | 2009 | Projektierung |
| | | *II.* | *Sonstige Monografien* |
| 4 | ROSS | 1994 | Klassifikation und Modellierung |
| 5 | DATE | 2000 | Implementierung |
| 6 | VON HALLE | 2001 | Projektierung |
| 7 | MORGAN | 2002 | Identifikation, Modellierung, Implementation und Verwaltung |
| 8 | SCHACHER/ GRÄSSLE | 2006 | Projektierung |
| 9 | GRAHAM | 2007 | Verwaltung |
| 10 | BOYER/MILI | 2011 | Implementierung |
| 11 | WITT | 2011 | Klassifizierung, Modellierung |

Berücksichtigt man die Implikation der anderen Aspekte durch den Aspekt der Projektierung, ist zusammenfassend festzustellen, dass sich die Mehrzahl der betrachteten Monografien mit Aspekten der Modellierung oder Implementierung von Geschäftsregeln beschäftigt.

## 3.3 Beiträge in Fachzeitschriften und Tagungsbänden

### 3.3.1 Selektion

Aufgrund der enormen Zahl relevanter Beiträge in wissenschaftlichen Fachzeitschriften sowie Tagungsbänden zu wissenschaftlichen Fachtagungen war nach bestimmten Selektionskriterien eine Auswahl zu treffen, welche Beiträge in die Auswertungen dieser Arbeit einfließen sollen. Im Rahmen dieser Selektion waren auch vereinzelte Forschungsberichte und Beiträge in Sammelwerken zu berücksichtigen. Aus Gründen der Vereinfachung werden nachfolgend alle genannten Typen wissenschaftlicher Arbeiten gleichermaßen als „Artikel" bezeichnet.

Im Rahmen der initialen Literatursuche konnten nur sehr wenige Artikel identifiziert werden, die geeignet waren, zur Strukturierung der wissenschaftlichen Literatur zum Forschungsgebiet beizutragen. *ANDREESCU/UTA* stellen in einem der wenigen vorliegenden Reviews die Monografien von *MORGAN* und *VON HALLE* einem Beitrag von *BAJEC/KRISPER* gegenüber[44]. Bei *STEINKE/NICKOLETTE* wird vor allem auf die Arbeiten führender Mitglieder der BRG verwiesen[45].

Zunächst wurde festgelegt, die Menge der eingehender auszuwertenden Artikel auf 50 Exemplare zu beschränken. Die Hälfte der Artikel wurde zu Beginn der schriftlichen Ausarbeitung nach grober Sichtung der Abstracts und Zusammenfassungen selektiert, im weiteren Verlauf teilweise auch wieder verworfen. Die andere Hälfte wurde im Rahmen der weiteren Recherche während der Ausarbeitung sukzessive hinzugefügt. In beiden Phasen erfolgte die Auswahl unter Heranziehung der folgenden Heuristiken:

- Die Summe der ausgewählten Artikel soll eine möglichst große zeitliche Bandbreite abdecken, um ggf. historische Entwicklungen des jeweils dominierenden Erkenntnisgegenstandes und erreichten Forschungsstandes darstellen zu können. Die Einbeziehung besonders früher Artikel erfolgte vor allem zu dem Zweck, die Wurzeln des Business Rules-Ansatzes zu verorten.

- Die Summe der ausgewählten Artikel soll eine möglichst große inhaltliche Bandbreite abdecken. Wurden von denselben Autoren mehrere Beiträge zu demselben Forschungsgegenstand identifiziert, erfolgte zur Vermeidung von Redundanzen eine Selektion des jeweils neueren Beitrags. In Einzelfällen wurden ältere Beiträge ausgewählt, um historische Entwicklungen zu explizieren.

- Die Summe der ausgewählten Artikel soll eine möglichst große methodische Bandbreite abdecken, im Zweifelsfall wurden also einzelne Beiträge bevorzugt, denen eine seltenere Forschungsmethode zugrunde lag.

---

[44] Vgl. *ANDREESCU/UTA* (2008), S. 23
[45] Vgl. *STEINKE/NICKOLETTE* (2003), S. 53

Aufgrund dieser bewussten Bevorzugung einzelner Beiträge ist eine statistische Extrapolation der inhaltlichen, methodischen und zeitlichen Verteilung aller Beiträge des Forschungsgebietes nur eingeschränkt möglich. Es wurde gleichwohl darauf geachtet, dass die Summe der ausgewählten Artikel diesbezüglich zumindest tendenzielle Aussagen ermöglicht.

Von den letztlich selektierten Artikeln entfallen 28 auf Beiträge in Tagungsbänden, 14 auf Beiträge in Fachzeitschriften, 5 auf Arbeits- und Forschungsberichte (sog. graue Literatur) sowie 3 auf Beiträge in Sammelbänden. Die Beiträge entstammen in etwa im Verhältnis zwei zu eins dem europäischen und dem amerikanischen Raum. Dabei wurden 35 Beiträge in englischer, 5 in deutscher Sprache verfasst. Eine detaillierte Übersicht über die ausgewählten Artikel sowie die Ergebnisse der nachfolgend dargestellten Auswertung befindet sich im Anhang.

### 3.3.2 Auswertung

#### 3.3.2.1 Erscheinungsjahr

Die Literaturauswertung soll nachfolgend mit einer Gesamtübersicht über die Erscheinungsjahre der betrachteten Artikel begonnen werden. Zugrunde gelegt wurden dabei die Erscheinungsjahre, wie sie auch im Literaturverzeichnis angegeben sind. Inwiefern einzelne Artikel bereits zu früheren Zeitpunkten über anderweitige Medien – z. B. im Internet - erschienen sind, wurde im Einzelfall nicht nachvollzogen.

Im Falle eines online veröffentlichten Forschungsberichtes ließ sich das Erscheinungsdatum – auch unter Hinzuziehung der Homepage des Autors – nicht evaluieren[46].

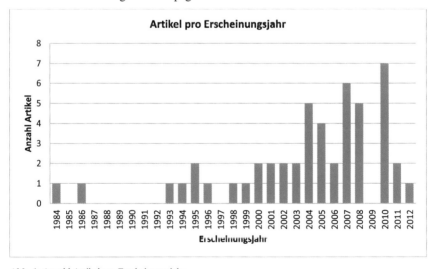

**Abb. 1:** Anzahl Artikel pro Erscheinungsjahr

Aus der Grafik ist ersichtlich, dass nur ca. ein Viertel der Artikel auf die Zeit vor der Jahrtausendwende entfällt. Mit Blick auf die Herkunft der Autoren ist ferner festzustellen, dass von

---

[46] VANTHIENEN (O. J.)

den bis ins Jahr 2000 erschienenen Artikeln die Autoren nur in zwei Fällen einem universitären Umfeld – in beiden Fällen der Universität Bern - entstammten[47]. Insofern lässt sich, auch mit Blick auf die betrachteten Monografien, darauf schließen, dass der Business Rules-Ansatz ursprünglich eher aus praxisnahen Initiativen erwuchs, denn aus Forschung und Wissenschaft[48]. Die Schwankungen in den späten 2000er Jahren korrespondieren mit den jeweiligen Schwerpunktsetzungen des jährlichen Rule Symposiums, dem insgesamt acht Beiträge entnommen wurden.

### 3.3.2.2 Inhalte

Um die ausgewählten Artikel in inhaltlicher Hinsicht auswerten zu können, wird auf die bereits in Kapitel 3.2 eingeführte Kategorisierung nach Aspekten des Business Rules-Ansatzes zurückgegriffen. Im Gegensatz zur Kategorisierung der Monografien ist mit Blick auf einzelne Aspekte jedoch Folgendes zu beachten:

- Es wurde festgestellt, dass der Aspekt „Begriff und Bedeutung" in einigen Beiträgen nur sehr knapp, in anderen als alleiniger Schwerpunkt behandelt wurde. Aus diesem Grunde wird dieser Aspekt - wie alle anderen - nur dann explizit aufgeführt, wenn er als eines der zentralen Erkenntnisinteressen des Beitrags anzusehen ist.
- Wird in einem Beitrag, z. B. einer Fallstudie, auf den Aspekt der Projektierung eingegangen, kann daraus nicht geschlossen werden, dass auch alle anderen Aspekte adressiert werden. Sofern weitere Aspekte adressiert werden, werden diese explizit aufgeführt.

Wie bereits im Bereich der Monografien der Fall, kann ein- und derselbe Artikel mehreren Aspekten zuzuordnen sein. Vor diesem Hintergrund wurden in den 50 gesichteten Artikeln insgesamt 66 Themenschwerpunkte identifiziert, die sich Abbildung 2 entsprechend auf die definierten Aspekte verteilen:

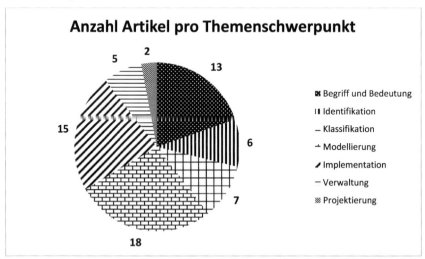

**Abb. 2:** Anzahl Artikel pro Themenschwerpunkt

---

[47] Vgl. *HERBST/KNOLMAYER* (1995), S. 149 und *KNOLMAYER/ENDL/PFAHRER* (2000), S. 16
[48] Vgl. auch Spreeuwenberg/Gerrits (2006), S. 152

Bezieht man die absoluten Zahlen auf die Anzahl der gesichteten Artikel, so ist zusammenfassend festzustellen, dass 36 % der Beiträge Modellierungsaspekte, 30 % Fragen der Implementierung und 26 % die grundsätzliche Bedeutung des Business Rules-Ansatzes adressieren. Stark unterrepräsentiert ist im Gegenzug der Aspekt der Projektierung und der sich daran anschließenden Frage nach der Evaluierung der Technikfolgen: Lediglich bei *ROYCE* und *NELSON* et al. werden Erfahrungen mit der Einführung geschäftsregelbasierter Systeme – in beiden Fällen bei Unternehmen der Versicherungsbranche – präsentiert[49].

### 3.3.2.3 Methoden

Zur Kategorisierung in methodischer Hinsicht wird auf einen Beitrag von *WILDE/HESS* Bezug genommen, in dem zwischen 14 Forschungsmethoden der Wirtschaftsinformatik unterschieden, und sechs Kernmethoden identifiziert werden[50]. Forschungsmethoden werden darin definiert als *„mitteilbare Systeme von Regeln, die von Akteuren als Handlungspläne zielgerichtet verwendet werden können, intersubjektive Festlegungen zum Verständnis der Regeln und der darin verwendeten Begriffe enthalten, und deren Befolgung oder Nichtbefolgung aufgrund des normativen Charakters der Regeln feststellbar ist"*[51]. In Anlehnung an den zitierten Beitrag und Erweiterung um die Kategorie des „Reviews" werden in dieser Arbeit nachfolgende Forschungsmethoden unterschieden:

**Tab. 4:** Forschungsmethoden in Anlehnung an *WILDE/HESS* und *FETTKE*

| Bezeichnung | Erkenntnisgewinn durch ... [52] |
|---|---|
| Deduktive Analyse (dA) | ...logisch-deduktives Schließen von gegebenen Prämissen auf zwingende Konsequenzen. Dabei wurde im Rahmen dieser Arbeit weiter unterschieden, ob der Erkenntnisgewinn in formaler, semiformaler oder sprachlich-argumentativer Weise abgeleitet wurde. Als formal gilt eine Darstellung der gewonnenen Erkenntnisse in quantitativer, als semiformal eine Darstellung in strukturierter, modellhafter Form, etwa in der eines Meta-Modells. |
| Prototyping (Pt) | ... Entwicklung und Evaluierung der Vorabversion oder bestimmter Teilaspekte eines Anwendungssystems. |
| Fallstudie (Fs) | ... empirische Untersuchung des Erkenntnisgegenstandes in seinem natürlichen Kontext, unter Einbeziehung weniger Merkmalsträger. |
| Querschnittsanalyse (Qa) | ... Befragung mehrerer Individuen mittels Interviews oder Fragebögen. |
| Review (Rv) | ... Wiedergabe, Vergleich und Integration wissenschaftlicher Primärquellen[53]. |

Da nur sehr wenige Artikel die jeweils angewandte Forschungsmethode explizieren, waren entsprechende Zuordnungen vorzunehmen. Sofern eine eindeutige Zuordnung nicht möglich war, wurde der Artikel derjenigen Methode zugeordnet, die letztlich zur Entwicklung der

---

[49] Vgl. *ROYCE* (2007) und *NELSON* et al. (2010)
[50] Vgl. *WILDE/HESS* (2007), S. 283
[51] *WILDE/HESS* (2007), S. 281
[52] *WILDE/HESS* (2007), S. 282
[53] Vgl. *FETTKE* (2006), S. 258

Kernergebnisse geführt hat. Mehrfachzuordnungen waren nicht zugelassen. Im Einzelfall schwer nachzuvollziehen, und daher auch kein Gegenstand der Untersuchung war hingegen die Frage, inwiefern die jeweils angewandten Vorgehensweisen dem Regelsystem der Methode genügen[54].

Als schwierig erwies sich die Unterscheidung zwischen deduktiver Analyse und Prototyping in solchen Fällen, in denen logische Argumentationsfolgen mit Ausführungen zu ihrer praktischen Umsetzung verbunden wurden. Sollte die praktische Umsetzung in diesen Fällen den Beweis der Machbarkeit erbringen, wurde der Beitrag der Kategorie „Prototyping" zugeordnet, im Falle bloßer Fallbeispiele und Erfahrungsberichte zur Verdeutlichung des theoretischen Teils hingegen der Kategorie der „deduktiven Analyse".

Eine Übersicht über alle ausgewerteten Artikel und deren Zuordnung zu den definierten methodischen Kategorien ergibt sich aus Abbildung 3.

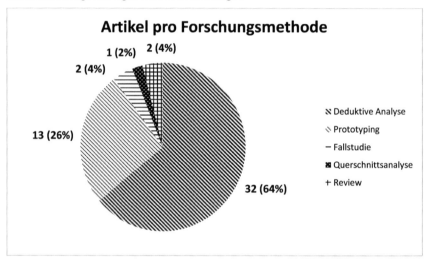

**Abb. 3:** Anzahl Artikel pro Forschungsmethode

Eine weitere Unterteilung der deduktiven Analysen hat ergeben, dass diese in drei Fällen auf formalen, quantitativen, und in elf Fällen auf semiformalen Methoden beruhte. In allen drei als formal eingestuften Methoden wurden Forschungsgegenstände tabellarisch aufbereitet, und Ergebnisse quantifiziert[55]. Bei den als semiformal eingestuften Beiträgen wurden zumeist Meta-Modelle oder sonstige semiformale Repräsentationsformen des Untersuchungsgegenstandes präsentiert und analysiert[56]. In anderen Beiträgen waren tabellarische Gegenüberstellungen nicht-quantifizierbarer Ergebnisse für die Einstufung des Beitrags ausschlaggebend[57].

*WILDE/HESS* ordnen die von ihnen identifizierten Forschungsmethoden auf hoch aggregierter Ebene zwei grundlegenden erkenntnistheoretischen Paradigmen zu: Während das konstrukti-

---

[54] Vgl. *WILDE/HESS* (2007), S. 283
[55] Vgl. *VANTHIENEN* (o. J.), S. 9-12, zur *MÜHLEN/KAMP/INDULSKA* (2007), S. 130, *LEZOCHE/MISSIKOFF/TININI* (2008)
[56] Vgl. z. B. *ODELL* (1995), S. 54
[57] Vgl. *HERBST* et al. (1994), S. 43

onswissenschaftliche Paradigma auf die Entwicklung nützlicher IT-Lösungen abzielt, fokussiert das verhaltenswissenschaftliche Paradigma die Folgen verfügbarer IT-Lösungen auf Unternehmen und Märkte[58]. Von den vorliegenden Artikeln konnten nur die Querschnittsanalyse von GREEN/ROSEMANN sowie eine der beiden Fallstudien dem verhaltenswissenschaftlichen Paradigma zugeordnet werden. In Ersterer wurde eine Gruppe von Studenten u. a. dazu befragt, wie hilfreich sie bestimmte Modellierungswerkzeuge zur Modellierung von Geschäftsregeln empfanden[59]. NELSON et al. befragten schließlich Vertreter fünf ausgewählter Unternehmen der US-amerikanischen Versicherungsbranche mittels Fragebogen zu ihren Erfahrungen mit der Einführung eines Business Rules Management Systems (BRMS)[60]. Alle übrigen Beiträge waren eindeutig dem konstruktionswissenschaftlichen Paradigma zuzuordnen.

### 3.3.2.4 Forschungszweck

Die gesichteten Artikel können ferner danach unterschieden werden, ob sie vorrangig deskriptiven, explikativen, normativen oder evaluativen Charakter besitzen, welchen Forschungszweck sie also verfolgen. Während deskriptive Beiträge auf die bloße Abbildung realer Phänomene beschränkt sind, befriedigen explikative hierauf aufbauend ein bestimmtes Erkenntnisinteresse über das Zusammenwirken relevanter Einflussgrößen. Dabei werden bestimmte Theorien auf die identifizierten Phänomene angewandt. Sofern mit Hilfe dieser Theorien zugleich Vorhersagen für die Zukunft abgeleitet werden, besitzt der jeweilige Beitrag auch prognostizierenden Charakter. Theoretische Erklärungen bilden ihrerseits die Grundlage normativer Gestaltungsempfehlungen sowie ihrer konkreten Manifestationen in konstruierten Modellen und Implementationen[61]. Diese werden schließlich in Beiträgen von evaluativem Charakter anhand ausgewählter Kriterien bewertet.

Die Sichtung der selektierten Artikel hat hierzu ergeben, dass in nahezu allen Beiträgen mehrere Forschungszwecke explizit oder implizit adressiert werden. Typischerweise werden zunächst ein bestimmtes Problemfeld oder ein bestimmter Status Quo beschrieben, dann die Zusammenhänge des Problemfeldes erklärt, um anschließend verschiedene Ansätze zur Lösung des Problems oder Verbesserung des Status Quo vorzustellen, und diese letztlich zusammenfassend zu bewerten. Da die adressierten Forschungszwecke aufgrund dieser wechselseitigen Verschränkungen mithin nur sehr geringe Trennschärfe besitzen, waren hilfsweise ergänzende Festlegungen zu treffen, die eine Zuordnung ermöglichten:

- Als deskriptiv oder explikativ wurden alle Beiträge eingestuft, in denen die theoretischen Grundlagen des Business Rules-Ansatzes gelegt oder weiterentwickelt werden. Dies gilt auch dann, wenn mit dem Beitrag ein Überblick über mögliche Gestaltungsalternativen geschaffen wird.
- Als normativ oder gestaltungsorientiert wurden alle Beiträge eingestuft, in denen Modellierungs- oder Implementationsansätze vorgeschlagen und an einem konkreten Beispiel präsentiert oder in einem Prototypen umgesetzt wurden. Dies gilt auch dann, wenn der Beitrag vordergründig die Beschreibung des Prototypen oder Erklärung seiner Funktionsweise adressiert.

---

[58] Vgl. WILDE/HESS (2007), S. 280
[59] Vgl. GREEN/ROSEMANN (2002), S. 318
[60] Vgl. NELSON et al. (2010), S. 39 f.
[61] Vgl. STROHMEIER (2000), S. 90 f.

17

- Als evaluativ werden nur solche Beiträge gewertet, in denen gegebene Erkenntnisgegenstände, z. B. Methoden, Werkzeuge oder Beiträge anderer Autoren, anhand expliziter Kriterien bewertet oder miteinander verglichen wurden.

Jeder Beitrag wurde einem dieser drei Kategorien zugeordnet. Das Ergebnis dieser Zuordnung ist Tabelle 4 zu entnehmen:

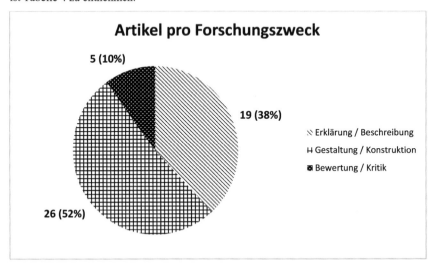

**Abb. 4:** Anzahl Artikel pro Forschungszweck

Trotz der klaren Dominanz gestaltungsorientierter Beiträge spricht die relativ große Menge erklärungsorientierter Arbeiten zunächst für ein hohes Maß an theoretischer Fundierung des Ansatzes. Andererseits wurden nur relativ wenige Artikel identifiziert, in denen eine kritische Auseinandersetzung mit gegebenen Aspekten des Business Rules-Ansatzes adressiert wurde. In drei der fünf Fälle bezog sich die Evaluation auf die Eignung bestimmter Methoden und Werkzeuge zur Geschäftsregelmodellierung[62], in einem weiteren Fall auf die Projektierung geschäftsregelbasierter Systeme[63], und nur in einem einzigen auf Beiträge anderer Autoren in der Literatur[64].

---

[62] Vgl. zur MÜHLEN/KAMP/INDULSKA (2007), GREEN/ROSEMANN (2002) und HERBST et al. (1994)
[63] Vgl. NELSON et al. (2010)
[64] Vgl. ANDREESCU/UTA (2008)

# 4 Business Rules-Konzepte

## 4.1 Die Bedeutung von Regeln und deren Automatisierung

Ganz allgemein kann der Begriff der Regel als eine *„aus bestimmten Gesetzmäßigkeiten abge-leitete, aus Erfahrungen und Erkenntnissen gewonnene, in Übereinkunft festgelegte, für einen jeweiligen Bereich als verbindlich geltende Richtlinie"*[65] definiert werden. In diesem Sinne lässt sich unternehmerisches Handeln heute ebenso durch Regeln beschreiben wie zu der Zeit, als deren maschinengesteuerte Unterstützung noch in ferner Zukunft lag:

*„Dem Gaugrafen gebührt der zehnte Teil der Ernte"*

*„Ein Großkunde erhält einen Rabatt in Höhe von zehn Prozent des Kaufpreises"*

Organisatorische Regeln bezeichnen in der betriebswirtschaftlichen Organisationstheorie, in welcher Weise Menschen und Maschinen Aufgaben arbeitsteilig zu erfüllen haben, um nach ökonomischen Prinzipien Güter oder Dienstleistungen zu produzieren[66]. Ein früher Ansatz zur Automatisierung dieses spezifischen Regeltyps kann etwa in der praktischen Umsetzung tay-loristischer Prinzipien im Rahmen der Fließbandfertigung gesehen werden, wie sie nach dem Ersten Weltkrieg in der Massenproduktion von Konsumgütern zur Anwendung kam.

Erst mit der Entwicklung prozeduraler Programmiersprachen fanden schließlich computerge-stützte Informationssysteme auf breiter Ebene Einzug in alle betrieblichen Funktionsbereiche. War der Umfang der automatisierten Aktivitäten bis in die 1970er Jahre noch vorwiegend auf sequentielle Datenverarbeitung isolierter Aufgabenbereiche beschränkt, wurden im Zuge des technologischen Fortschritts und der gestiegenen strategischen Relevanz der EDV zunehmend auch komplexere Funktionen unterstützt. Beispielhaft kann hier der Bereich des Personalwe-sens genannt werden, in dem Informationstechnik bis in die 1970er Jahre hinein fast aus-schließlich auf den Bereich der Personalabrechnung beschränkt war[67], bevor ab den 1980er Jahren sukzessive auch dispositive Aufgaben wie Personalbeschaffung oder Personaleinsatz-planung in Personalinformationssysteme integriert wurden[68].

Neben dieser zunehmenden Informatisierung wirkte sich aber auch die Abkehr von den streng arbeitsteiligen Prinzipien des Taylorismus und Hinwendung zu einer prozessorientierten Aus-richtung der Unternehmensorganisation komplexitätssteigernd auf das Geschäftsprozessma-nagement aus[69]. Prozessorientierung zielte auf eine möglichst breite Mitarbeiterqualifikation zur umfassenden Vorgangsbearbeitung und Reduzierung von Schnittstellen, um die Durch-laufzeiten der einzelnen Geschäftsvorfälle verkürzen, und flexibel auf individuelle Kunden-bedürfnisse reagieren zu können.

Während die Menge der organisatorischen Regeln durch den Paradigmenwechsel der Pro-zessorientierung abnahm, wurde den der Leistungserstellung zugrunde liegenden Regeln eine besondere Bedeutung beigemessen: Als kollektives Wissen bilden sie eine schwer imitierbare

---

[65] *DUDEN* (2012)
[66] Vgl. *ENDL* (2004), S. 11
[67] Vgl. *DESANCTIS* (1986), S. 15
[68] Vgl. *HENDRICKSON* (2003), S. 382
[69] Vgl. *ENDL* (2004), S. 14

Ressource, und damit einen Bestandteil der Kernkompetenz des Unternehmens, nicht zuletzt im Umgang mit internen und externen Veränderungen[70]. Die flexible Anpassungsfähigkeit dieser Regeln sowie der Informationssysteme, in denen sie implementiert sind – nachfolgend als IT-Agilität bezeichnet – gewann hierbei zunehmend an Bedeutung.

## 4.2 Regelbasierte Ansätze in der Wirtschaftsinformatik

### 4.2.1 Ausgangslage

Noch bis in die 1990er Jahre hinein basierte die überwiegende Mehrzahl der betrieblichen Informationssysteme auf prozeduralen Programmiersprachen wie COBOL, PL/1 oder Visual Basic[71]. Applikationen, die auf prozeduralen Programmiersprachen beruhten, waren vor allem dadurch gekennzeichnet, dass die darin implementierten Algorithmen in streng sequentieller Form zur Anwendung kamen, dass also ein vorgegebener Plan für die Ausführung existierte[72]. Wird nun aus fachlicher Sicht die Änderung einer Regel erforderlich, verursacht diese Art der Implementierung erheblichen Mehraufwand: Je nach Tragweite einer zu ändernden Regel kann diese inhaltsgleich in verschiedenen Applikationen implementiert, zur Konsistenzwahrung also auch an mehreren Stellen im Quellcode zu modifizieren sein. Auch ergibt sich aus dem Umstand, dass Regeln in prozeduralem Quellcode nicht zwangsläufig als solche zu erkennen, nach *BAJEC/KRISPER*[73] vielmehr darin „vergraben" sind, ein höherer Analyse- und Identifikationsaufwand des Programmierers. Schließlich muss bei der Implementierung der Regel nicht nur das notwendige Know-how zeitaufwändig von den Fachanwendern zu den Programmierern verlagert werden[74]. Auch der Fachanwender muss, um diesen Prozess beratend begleiten zu können, sich mit den spezifischen technischen Eigenheiten der Programmiersprache auseinandersetzen[75].

Vor diesem Hintergrund wurden verschiedene Ansätze mit dem Ziel entwickelt, Regeln außerhalb der Applikationen zu explizieren, um den Aufwand manueller, und damit zwangsläufig auch fehleranfälliger prozeduraler Programmierung zu reduzieren. Diese Ansätze können als Vorläufer des späteren Business Rules-Ansatzes angesehen werden[76].

### 4.2.2 Expertensysteme

Der älteste dieser Ansätze entstammt mit den sog. Expertensystemen dem Forschungszweig der künstlichen Intelligenz[77]. Ein Expertensystem oder wissensbasiertes System ist dadurch gekennzeichnet, dass es die Problemlösungsfähigkeit von Experten simuliert[78]. Die Wissensbasis besteht dabei aus einer Menge von Fakten und Regeln. Während mit Fakten wahre Aussagen über konkrete Sachverhalte definiert werden („*München hat einen Flughafen*"), stehen

---

[70] Vgl. *ENDL* (2004), S. 18, *VON HALLE* (2001b), S. 5
[71] Vgl. *WITT (2011)*; S. 25
[72] Vgl. *GOEDERTIER/HAESEN/VANTHIENEN* (2008), S. 195
[73] Vgl. *BAJEC/KRISPER* (2005), S. 423
[74] Vgl. *ENDL* (2004), S. 22
[75] Vgl. *WITT (2011)*; S. 25
[76] Vgl. *GRAHAM* (2007), S. 53
[77] Vgl. *GRAHAM* (2007), S. 59
[78] Vgl. *MERTENS/BACK* (2001), S. 195

Regeln für allgemeine Implikationen, und weisen die formale Struktur von Konditionalsätzen auf: Auf einen mit dem Schlüsselwort „Wenn" eingeleiteten Bedingungsteil - alternativ als Prämisse oder Antezedensklausel bezeichnet - folgt auf der „Dann"-Seite die dazugehörige Konsequenz bzw. Konklusion (*„Wenn zwei Orte A und B einen Flughafen haben, dann sind sie miteinander verbunden"*). Wird als Konklusion eine Aktion definiert, handelt es sich um den Spezialfall einer Aktionsregel[79].

Mit Hilfe einer sog. Inferenzmaschine („Inference Engine") wird schließlich die Anwendbarkeit der Regeln auf die Fakten geprüft, wobei grundsätzlich zwischen der Vorwärts- und der Rückwärts-Inferenz unterschieden wird. Bei der Vorwärts-Inferenz erfolgt eine Prüfung der Fakten gegen die Prämissen der Regeln, und Deduktion der Konsequenzen. Bei der Rückwärts-Inferenz werden sie hingegen mit den Konsequenzen verglichen, und daraus induktiv auf die zugrundeliegenden Prämissen geschlossen[80]. Durch Verkettung von Regeln in die eine oder andere Richtung kann mittels logischer Schlussfolgerungen neues Wissen abgeleitet und für spätere Untersuchungen vorgehalten werden. Ein besonderes Merkmal vieler Expertensysteme stellt dabei deren Fähigkeit dar, durch Anwendung von Wahrscheinlichkeitsrechnungen Entscheidungen auf Basis unsicheren Wissens, sogenannter Heuristiken, herbeizuführen (sog. Fuzzy-Logik)[81].

Neuartig war an Expertensystemen insbesondere, dass sie auf dem deklarativen Programmierparadigma basierten, bei dem nicht die Reihenfolge der einzelnen Arbeitsschritte, also „wie" etwas zu tun ist, sondern die Arbeit selbst, also „was" zu tun ist, beschrieben wird. Diese Beschreibung bildete dabei die Quelle für eine automatisierte Generierung ausführbaren, prozeduralen Codes durch entsprechende Compiler[82]. Als bekannteste deklarative – teilweise auch als „regelbasiert" bezeichnete - Programmiersprache gilt PROLOG, die in den frühen 1970er Jahren in Frankreich entwickelt wurde[83], und vollständig auf dem Prinzip der Rückwärts-Inferenz basierte. Im Jahr 1979 wurde von CHARLES L. FORGY schließlich der sog. RETE-Algorithmus entwickelt, der die Vorwärts-Inferenz unterstützte, und eine erhebliche Effizienzsteigerung in der Regelausführung ermöglichte, indem er innerhalb eines Regel-Netzwerks unnötige Mehrfachberechnungen derselben Prämissen vermied[84].

Als erstes Expertensystem wird in der Literatur häufig MYCIN angesehen, das 1976 zur Diagnose und Therapie von Infektionskrankheiten entwickelt wurde. Die im Kontext dieser Arbeit relevante technische Trennung zwischen Regeln und Inferenzmechanismus fand jedoch tatsächlich erst 1981, im Rahmen des Nachfolgesystems EMYCIN statt[85]. Bis heute kommen Expertensysteme zumeist in sehr eng begrenzten Spezialgebieten, wie eben in Disziplinen der Medizin zum Einsatz, aber auch in solchen der industriellen Fertigung, etwa im Rahmen des Computer Aided Design[86].

---

[79] Vgl. BECKER (2006), S. 235 - 237
[80] Vgl. SCHACHER/GRÄSSLE (2006), S. 214
[81] Vgl. MERTENS/BACK (2001), S. 196, HRUSCHKA (1988), S. 326
[82] Vgl. DATE (2000), S. 5
[83] Vgl. MERTENS/BACK (2001), S. 383
[84] Vgl. SCHACHER/GRÄSSLE (2006), S. 220
[85] Vgl. GRAHAM (2007), S. 3
[86] Vgl. MERTENS/BACK (2001), S. 193 f., GRAHAM (2007), S. 60

### 4.2.3 Datenbankorientierte Ansätze

Der Grundstein für einen zweiten, datenbankorientierten Ansatz zur automatisierten Regelunterstützung wurde mit der Entwicklung des relationalen Datenbankmodells nach TED CODD im Jahre 1970 gelegt[87]. Unter dem Stichwort der Datenintegrität werden darin Bedingungen für die Beziehungen zwischen verschiedenen Datenbankobjekten definiert, die zur Erhaltung eines konsistenten und redundanzfreien Datenbestandes nach jeder Operation bzw. Zustandsänderung auf der Datenbank erfüllt bleiben müssen. In diesem Sinne kann eine Regel als Einschränkung oder Test definiert werden, der zur Aufrechterhaltung der Datenintegrität ausgeführt wird[88], und im Falle eines negativen Ergebnisses zur Ausgabe einer Fehlermeldung führen muss.

Im Jahr 1975 kam es schließlich zur Entwicklung der sog. Drei-Schichten-Architektur durch das American National Standards Institute (ANSI). Bei dieser wurden die logischen Abhängigkeiten zwischen den Datenobjekten in einer eigenständigen, „konzeptionellen" Schicht dargestellt, unabhängig von der physischen Speicherung der Daten (interne Schicht) und ihrer Verwendung durch einzelne Applikationen (externe Schicht). Auf dieser Grundlage entwickelte sich das theoretische Konzept des CODD'schen Relationenmodells seit den 1980er Jahren zum dominierenden Paradigma der Datenmodellierung in Datenbankmanagementsystemen (DBMS)[89].

Der Umfang der von sog. „passiven" DBMS unterstützten Regeln war zwar anfangs noch auf einfache Einschränkungen begrenzt, die sich durch Kardinalitäten und die Forderung nach referentieller Integrität ergaben[90]. Mit der späteren Entwicklung aktiver und deduktiver Datenbanken konnten aber auch komplexere Regeln eigenständig ausgeführt, und damit zunehmend Funktionalitäten von den vorgelagerten Applikationen übernommen werden:

Aktive Datenbanken verfügen – ähnlich wie Expertensysteme - über eine separate Regelbasis. Die Regeln sind darin nach dem Grundmuster „Event-Condition-Action (ECA)"[91] beschrieben, und werden durch sog. Trigger ausgelöst: Sobald vor, während oder nach einer Datenbankoperation ein bestimmtes Ereignis auftritt, werden sachliche und zeitliche Bedingungen anhand der Attribute dieses Ereignisses geprüft, und ggf. automatisch bestimmte vordefinierte Aktionsfolgen ausgeführt[92]. Während aktive Datenbanken insbesondere die Sicherstellung regelkonformer Datenbestände fokussieren, können deduktive Datenbanken zusätzlich dazu eingesetzt werden, mit Hilfe sog. deduktiver Regeln nach den Prinzipien der Logik aus gegebenen Datenbeständen neues Wissen zu generieren bzw. implizites Wissen zu explizieren[93].

### 4.2.4 Objektorientierte Modellierung

Eine dritte Forschungsrichtung, die sich mit der Explizierung von Regeln befasst hat, lässt sich schließlich in wissenschaftlichen Beiträgen zum objektorientierten Paradigma identifizie-

---

[87] Vgl. VON HALLE (2002), S. XXXIV
[88] Vgl. ROSS (1994), S. 11
[89] Vgl. HANSEN (1998), S. 947
[90] Vgl. APPLETON (1986), S. 88
[91] Vgl. DAYAL (1988), S. 151 f.
[92] Vgl. FISCHER (1995), S. 3
[93] Vgl. HERBST (1997), S. 35

ren. Dem Grundprinzip der Kapselung in objektorientierter Modellierung entsprechend sind in Objekten sämtliche, mit diesen korrespondierende Daten, Attribute und Regeln vor Zugriffen von außen zu verbergen, und als geschlossene, wiederverwendbare Einheit zu betrachten. Im Gegensatz zu den vorgenannten Ansätzen lässt der objektorientierte somit grundsätzlich keine Möglichkeit zu, die Gesamtheit der Regeln eines Informationssystems als eigenständige separate Komponente zu konzeptionieren, wenngleich einige Vertreter dieses Ansatzes eine Ausnahme vom Prinzip der Kapselung postulieren[94]. Es werden somit, wie schon im Rahmen prozeduraler Programmierung, entsprechende Redundanzen bei der Umsetzung der Regeln in Kauf genommen.

Da die im Bereich der Objektorientierung vorherrschende Unified Modelling Language (UML) als grafische Modellierungssprache als wenig geeignet angesehen wurde, ohne Einbußen in der Lesbarkeit auch komplexere Regeln mit abzubilden, kam es zur Entwicklung der ergänzenden Object Constraint Language (OCL). Als formale Sprache bietet OCL zwar den Vorteil, im Zuge der objektorientierten Programmierung eine direkte Übersetzung der Regeln in Programmcode zu unterstützen[95]. Im Rahmen der objektorientierten Analyse ist sie jedoch kaum geeignet, das gegenseitige Verständnis zwischen Vertretern der IT- und der Fachseite bei der Identifikation und sachlich richtigen Formulierung der Regeln zu fördern[96]

## 4.3 Der Business Rules-Ansatz

### 4.3.1 Der Begriff der Geschäftsregel

Für den Geschäftsregel- oder Business Rules-Begriff existiert keine allgemein anerkannte, einheitliche Definition. Tabelle 5 enthält eine Übersicht über einige Definitionen, die von unterschiedlichen Autoren vorgeschlagen wurden.

**Tab. 5:** Business Rules - Begriffsdefinitionen

| Autor(en) | Jahr / Seite(n) | Definition |
|---|---|---|
| *APPLETON* | 1984, S. 146 | *"A Business Rule is an explicit statement of a **constraint** that exists within a business ontology."* |
| *SANDIFER/ VON HALLE* | 1991, S. 13 | *"[Business rules are] natural language sentences that describe data requirements to the business users."* |
| *MORIARTY* | 1993, S. 66 | *"[...] a business rule is a **constraint** upon the business."* |
| *ROSS* | 1994, S. 11 | *"A [Business] Rule may be defined as a **constraint**, or a test, exercised for the purpose of maintaining the integrity (i.e., correctness) of persistent data."* |

---

[94] Vgl. *BAJEC/KRISPER* (2005), S. 426
[95] Vgl. *GRAHAM* (2007), S. 58 f.
[96] Vgl. *GOTTESDIENER* (1999), S. 72

| HERBST | 1998, S. 1 | *"business rules [are] statements about **guidelines and restrictions** with respect to states and processes in an organization."* |
|---|---|---|
| BRG | 2000, S. 4 | *"A business rule is a statement that defines or **constrains** some aspect of the business. It is intended to assert business structure or to control or influence the behavior of the business."* |
| VON HALLE | 2001, S. 28 | *„[...] business rules [are a] set of **conditions** that govern a business event so that it occurs in a way that is acceptable to the business."* |
| MORGAN | 2002, S. 5 | *„[...] a business rule is a compact statement about an aspect of a business. The rule can be expressed in terms that can be directly related to the business, using simple, unambiguous language that's accessible to all interested parties [...]."* |
| ROSS | 2008, S 83 | *"A business rule is simply a rule that is under business jurisdiction"* |
| INMON/O'NEIL/ FRYMAN | 2008, S. 235 | *„A business rule [...] is a **constraint** upon the business that the business puts on itself (i.e., it is self-inflicted). It clarifies what the business allows and what it prohibits."* |
| GOEDERTIER/ HAESEN/ VANTHIENEN | 2008, S. 195 | *„Business rules are atomic, formal expressions of business policies or business **regulations**."* |

Weitestgehend Einigkeit besteht somit dahingehend, dass Geschäftsregeln erstens Einschränkungen darstellen, die sich zweitens auf betriebliche Aspekte beziehen. Das Kriterium der Einschränkung wird zumeist sehr weit gefasst, bezieht sich also nicht nur auf betriebliches Handeln oder Unterlassen, sondern auch auf definitorische Einschränkungen von Begriffen und ihren Beziehungen zu einem bestimmten Wissensgebiet, sog. Ontologien. Da die nachfolgenden Aussagen diese Kriterien erfüllen, sind sie gleichermaßen als Geschäftsregeln anzusehen:

*„Wenn der Kaufpreis bezahlt wurde, ist die Ware zu versenden."*

*„Ein Praktikant darf keine Bestellungen entgegennehmen"*

*„Zu jeder Auftragsnummer muss genau eine Kundennummer existieren."*

Darüber hinaus lassen die vertretenen Begriffsverständnisse aber auch deutliche Unterschiede erkennen:

Während *ROSS* (2008) und *INMON/O'NEIL/FRYMAN* den Geschäftsregelbegriff nur auf solche Einschränkungen beziehen, die im Einflussbereich des Unternehmens liegen, schließen die übrigen Autoren externe Restriktionen nicht ausdrücklich aus. Strittig ist somit, inwiefern insbesondere der unter dem Stichwort Compliance zusammengefasste Bereich gesetzlicher Regelungen und extern vorgegebener Standards, aber auch der der physikalischen Gesetze definitorisch mit einzubeziehen sind. Als physikalisches Gesetz kann dabei etwa die Einschränkung betrachtet werden, nach der eine personelle oder materielle Ressource (z. B. ein Mitarbeiter oder eine maschinelle Anlage) zu einem bestimmten Zeitpunkt nur an einem bestimmten Ort verfügbar sein, oder das Endedatum einer Aktivität nicht vor dessen Beginndatum liegen kann.

WITT führt hierzu an, dass eine Verletzung externer Regeln schwerwiegende Folgen nach sich ziehen kann, sei es in Form inkonsistenter Datenbestände und undurchführbarer Aktivitätsfolgen, oder in Form schwerwiegender Sanktionen und Imageverluste. Vor diesem Hintergrund stellt er die Sinnhaftigkeit einer entsprechenden Einschränkung des Geschäftsregelbegriffs in Frage[97].

Vergleicht man die gemäß Kapitel 3.3 in die Arbeit einbezogenen Beiträge hinsichtlich dieser Fragestellung, stellt man zunächst fest, dass hiervon nur 74 % überhaupt einen Definition des Begriffs beinhalten. Von diesen beziehen jedoch ca. 95 % externe Einschränkungen mit ein oder schließen diese zumindest nicht ausdrücklich aus. Nur zwei Autoren schließen sich der von ROSS (2008) vertretenen Auffassung an. Andererseits wurde eben diese 2008 in die „Semantics of Business Vocabulary and Business Rules (SBVR)", eine Spezifikation der Object Management Group (OMG), übernommen, und damit quasi in den Stand einer offiziellen Definition erhoben[98].

Darüber hinaus ist festzustellen, dass die Mehrzahl der oben zitierten Autoren Geschäftsregeln als *sprachlichen Ausdruck* existierender Einschränkungen definieren, den Begriff der Geschäftsregel also mit deren semiformaler oder formaler Repräsentation gleichsetzen[99], während viele, tendenziell jüngere Beiträge – hier wären wiederum ROSS (2008) und INMON/O'NEIL/FRYMAN zu nennen - die Einschränkung selbst damit bezeichnen. Eine entsprechende Differenzierung sehen auch die SBVR vor, in denen zwischen „Business Rules" und „Business Rules Statements" unterschieden wird[100]. Daneben finden sich noch weiter gefasste Begriffsverständnisse, die Geschäftsregeln ausdrücklich implizites Wissen, „ungeschriebene Gesetze" und allgemeine Richtlinien auf hohem Abstraktionsniveau, etwa Leitbilder und Führungsstile, subsumieren[101].

Schließlich werden in manchen neueren Beiträgen nur noch solche Regeln als Geschäftsregeln angesehen, die sich auf menschliche Entscheidungen und Verhaltensweisen beziehen. Integritätsbeschränkungen in Datenbanken und sonstige technische Umsetzungen von Geschäftsregeln werden hingegen als „Systemregeln" klassifiziert und definitorisch ausgeschlossen[102]. System- und Geschäftsregeln stimmen nicht zwingend miteinander überein: Beispielsweise könnte in einem Informationssystem des Vertriebs allein aufgrund der Beschaffenheit der zugrundeliegenden Datenbank eine Einschränkung gegeben sein, nach der für jeden Kunden nur eine Telefonnummer erfasst werden darf[103]. Da ein Kunde tatsächlich mehrere Telefonnummern besitzen kann, und auch keine fachliche Anforderung existiert, die diese Einschränkung rechtfertigen würde, weicht die Systemregel von den realen Gegebenheiten ab.

---

[97] Vgl. Witt (2011), S. 1-3

[98] Vgl. *SBVR* (2008), S. 8

[99] Vgl. auch HERBST et al. (1994), S. 32

[100] Vgl. MORGAN (2002), S. 60, *SBVR* (2008), S. 165

[101] Vgl. STEINKE/NICKOLETTE (2003), S. 52, ZUR MUEHLEN/INDULSKA/KAMP (2007)

[102] Vgl. WITT (2011), S. 4

[103] Vgl. ROSS (2007)

Mit Blick auf die Gesamtheit aller ausgewerteten Beiträge finden sich jedoch zahlreiche Artikel, die zwischen Geschäftsregeln und der Art ihrer Implementierung nicht ausdrücklich unterscheiden. Um beide Aspekte getrennt adressieren zu können, schlägt die BRG in Ergänzung ihrer o. g. Definition eine weitere vor, die Geschäftsregeln aus informationstechnischer Sicht abgrenzt:

*„[...] a business rule expresses specific constraints on the creation, updating, and removal of persistent data in an information system.*[104]*"*

## 4.3.2 Die Entstehung und Bedeutung des Business Rules-Ansatzes

Mit Blick auf die Chronologie der o. g. Definitionen ist festzustellen, dass der Begriff in den 1980er und frühen 1990er Jahren vor allem mit der Forderung nach Datenintegrität in DBMS in Verbindung gebracht wurde. Erstmalig Erwähnung fand der Begriff „Business Rule" im Jahr 1984, in dem oben zitierten Artikel des Datenbankexperten *DANIEL S. APPLETON* mit dem Titel *„Business Rules: The Missing Link"*, erschienen in der Zeitschrift *DATAMATION*. Darin schildert *APPLETON* zunächst den Beispielfall eines Unternehmens, in dem ein Lagerhaltungssystem an der mangelnden Konsistenz der darin implementierten Geschäftsregeln mit den Geschäftsregeln der korrespondierenden Buchhaltungs- und Produktionssysteme scheitert. Er stellt zwar ausdrücklich klar, dass er Geschäftsregeln der Sphäre des jeweiligen Fachgebietes zurechnet:

*„In [...] this article, I examine [...] the role of what I call Business Rules. [...] Business Rules exist, whether explicitly documented or not. They are not invented by computer people*[105]*."*

Im weiteren Verlauf beschreibt er Geschäftsregeln jedoch als Bindeglied zur Harmonisierung von Datenbankentwürfen mit realen Bedeutungszusammenhängen. Um zu gewährleisten, dass die Regeln zueinander konsistent bleiben, fordert er deren Zusammenführung und automatisierten Abgleich in einer separaten Geschäftsregeldatenbank – und skizziert damit die Architektur aktiver Datenbanken[106].

Wie *APPLETON* kann auch der verschiedentlich als „Vater des Business Rules-Ansatzes" bezeichnete[107] *RONALD G. ROSS* als Vertreter der datenbankorientierten Forschungsrichtung angesehen werden. In seinem 1994 erschienenen „Business Rules Book" betrachtet er Business Rules als Einschränkungen möglicher Operationen auf einer Datenbank zum Erhalt der Datenintegrität. Er fordert eine aus Nutzersicht leicht verständliche, nichtprozedurale Spezifikation zur regelbasierten Datenmodellierung, und legt eine umfangreiche, über 900 Variationen umfassende Regeltypologie vor[108].

Zu diesem Zeitpunkt hatte *MORIARTY* bereits den Beginn eines neuen Paradigmas vorhergesagt, das sich enger als das der Objektorientierung an der Sprache des Fachpersonals orientiert[109]. Unter dem Einfluss des zunehmenden Interesses der Wirtschaft an flexiblen Softwarelösungen wurden allmählich Konzepte entwickelt, die, von der Identifikation und Analyse der

---

[104] BRG (2000), S. 5
[105] *APPLETON* (1984), S. 145 f.
[106] *APPLETON* (1984), S. 146 - 148
[107] Vgl. *INMON/O'NEIL/FRYMAN (2008)*, S. 236
[108] Vgl. *ROSS* (1994)
[109] Vgl. *MORIARTY* (1993), S. 66-68

Regeln über ihre Klassifikation, Modellierung, Formalisierung und schlussendlichen Implementierung, den gesamten Lebenszyklus der Geschäftsregeln adressierten[110]. Zudem wurden zunehmend kommerzielle BRMS auf den Markt gebracht, die diesen ganzheitlichen „Business Rules-Ansatz" unterstützten[111]. VON HALLE legte schließlich im Jahr 2001 mit einer umfassenden Methodologie ein bis heute gültiges Standardwerk zur schrittweisen Entwicklung von Informationssystemen nach Maßgabe dieses Ansatzes vor, den sie darin wie folgt definiert:

*„A business rules approach is a methodology – and possibly special technology – by which you capture, challenge, publish, automate, and change rules from a strategic business perspective[112]. The result is a business rule system, an automated system in which the rules are separated [...] and shared across data stores, user interfaces, and perhaps applications."*

Ähnlich wie in der von MORGAN vorgeschlagenen Definition des Geschäftsregelbegriffs wird als das spezifisch Neuartige des Business Rules-Ansatzes auch hier dessen stärkere Orientierung an der Sichtweise der Fachseite akzentuiert. Im Zentrum dieser Sichtweise steht die Regelung als solche, nicht deren formale Notation oder technische Umsetzung. Sinn und Zweck der Systemregeln ist die möglichst originalgetreue Abbildung der in der realen Welt existierenden Geschäftsregeln, nicht umgekehrt. Der Business Rules-Ansatz postuliert daher, der Datenmodellierung und Definition von Integritätsregeln im DBMS die Definition der Geschäftsregeln zeitlich voranzustellen, und deren Implementierung zu kontrollieren[113]. Nicht die Technologie, sondern die Fachseite soll treibende Kraft der IT-Entwicklung sein[114].

Im Gegensatz zu Vertretern des datenbankorientierten Ansatzes wird die Hauptursache gescheiterter IT-Projekte und -Systeme jedoch weniger in Fragen des Datenbankdesigns und in prozeduraler Programmierung[115] gesehen, sondern eher in Spezifikationsfehlern, die bereits in der Entwurfsphase begangen wurden[116]. Damit rückte schließlich die Frage in den Vordergrund, welche Ziele und Motive den zu spezifizierenden Regeln eigentlich zugrunde liegen. Der Business Rules-Ansatz stellt somit weniger eine neuartige Entwicklungsmethode von Informationssystemen dar, als vielmehr eine IT-gestützte Methode zur Evaluierung und Erneuerung der gesamten strategischen und operativen Unternehmensaktivitäten[117].

In systemarchitektonischer Hinsicht wurden Geschäftsregeln zunehmend als von DBMS unabhängige, eigenständige und gleichwertige Systembestandteile wahrgenommen[118], die in einem separaten Archiv, dem sog. „Rule Repository", allgemein zugänglich zu führen sind. Ende der 1990er Jahre warf die BRG die Frage auf, wie aus formal notierten Geschäftsregeln unmittelbar ausführbarer Programmcode generiert werden kann[119].

---

[110] Vgl. *BAJEC/KRISPER* (2005), S. 324 f
[111] Vgl. *VON HALLE* (2001), S. 16 f.
[112] *VON HALLE* (2001), S. 7
[113] Vgl. *GRAHAM* (2007), S. 56
[114] Vgl. *SCHACHER/GRÄSSLE* (2006), S. 21
[115] Vgl. *DATE* (2000), S. 42
[116] Vgl. *MORGAN* (2002), S. 5
[117] Vgl. *KOVACIC/GROZNIK* (2004), S. 563
[118] Vgl. *GRAHAM* (2007), S. 57
[119] Vgl. BRG (2000), S. 1

Tatsächlich existierten zu diesem Zeitpunkt bereits die ersten kommerziellen BRMS, die mit sog. Business Rule Engines ausgestattet waren, einer Software-Komponente, die sich über eine Programmier-Schnittstelle (Application Programming Interface, API) in bestehende Applikationen einbinden lässt, und die korrekte Umsetzung der Regeln in die Zielsprache sicherstellt[120]. Die meisten Rule Engines verwenden zur Identifikation der auszuführenden Regeln den bereits erwähnten RETE-Algorithmus. Mit Blick auf die Architektur moderner BRMS sowie im Vorgriff auf Kapitel 7 lässt sich damit zusammenfassend feststellen, dass die Emanzipation des Business Rules-Ansatzes von der streng datenbankorientierten Sichtweise zu einer Annäherung an die seit den 1980er Jahren bekannte Technologie der wissensbasierten bzw. Expertensysteme geführt hat.

Ob und inwiefern BRMS von diesen in technologischer Hinsicht überhaupt noch signifikant zu unterscheiden sind, wird in der Literatur kontrovers diskutiert:

**Tab. 6:** Unterschiede BRMS und Expertensysteme

| **These**[121]: Im Gegensatz zu BRMS … | **Antithese**[122]: |
|---|---|
| … adressieren Expertensysteme komplexe Entscheidungsprobleme in hochkomplexen Wissensgebieten, z. B. in Medizin und Forschung[123]. | Expertensysteme kommen mitunter auch in weniger komplexen Bereichen zum Einsatz, z. B. im Banken- und Versicherungswesen[124]. |
| … können Expertensysteme Entscheidungen unter Unsicherheit herbeiführen (Fuzzy-Logik). | Kommerzielle BRMS weisen diese Funktionalität einfach deshalb nicht auf, weil sie nicht genügend nachgefragt wird; zudem kann Unsicherheit auch durch Konkretisierung der Regeln vermindert werden. |
| … führen Expertensysteme für eine einzige Entscheidung im Regelfall hunderte oder tausende von Inferenzregeln aus. | Moderne BRMS verfügen wie Expertensysteme über Inferenzmechanismen, die imstande sind, mehrere tausend Regeln pro Sekunde auszuführen (z. B. der RETE-Algorithmus)[125]. |
| … verfügen Expertensysteme über eine Inferenzmaschine, die die Verkettung von Regeln mittels Vorwärts- oder Rückwärtsinferenz unterstützt. | Moderne BRMS verfügen wie Expertensysteme über Inferenzmechanismen, die imstande sind, Regeln miteinander zu verketten (z. B. der RETE-Algorithmus). |
| … lösen Expertensysteme keine Veränderungen auf der Datenbank aus. | Es gibt auch Expertensysteme, die Veränderungen auf Datenbanken vornehmen[126]. |

---

[120] Vgl. *ENDL* (2004), S. 257
[121] Vgl. *VON HALLE* (2001), S. 44 f.
[122] Vgl. *GRAHAM* (2007), S. 60-62
[123] Vgl. auch *BOYER/MILI* (2011), S. 150
[124] Vgl. auch *MERTENS/BACK* (2001), S. 193
[125] Vgl. *ENDL* (2004), S. 271
[126] Vgl. auch *PRECKWINKEL* (2012), S. 25

Mit Blick auf die in der Literatur vertretene Argumentation liegt der Schluss nahe, dass BRMS und Expertensysteme sowohl in ihrer Architektur als auch in der Art der Regelausführung zu viele Gemeinsamkeiten aufweisen, um als voneinander unabhängige Systemklassen wahrgenommen werden zu können. BRMS unterstützen jedoch, wie bereits weiter oben ausgeführt, nicht nur die bloße Regelausführung, sondern tendenziell auch alle weiteren Aktivitäten des Geschäftsregelmanagements[127].

## 4.3.3 Anforderungen an Geschäftsregeln

### 4.3.3.1 Allgemeines

Die bereits in Kapitel 4.3.1 vorgestellten Definitionen geben nur partiell wieder, welche Eigenschaften von Geschäftsregeln die jeweiligen Autoren als konstitutiv erachten, und damit deren Begriffsverständnis determinieren. Daher lohnt es sich, einen Blick auf die Anforderungen zu werfen, die in der Literatur an die Beschaffenheit von Geschäftsregeln und deren Umsetzung im Rahmen des Business Rules-Ansatzes gestellt werden.

Hierbei kann zunächst zwischen intrinsischen Anforderungen, die die Regeln selbst betreffen, und extrinsischen Anforderungen unterschieden werden, die sich auf den äußeren Umgang mit diesen Regeln beziehen. Die intrinsischen Anforderungen sind ferner danach zu unterscheiden, ob sie an einzelne Regeln oder an ganze Regelmengen gestellt werden[128].

Gegenstand der nachfolgenden Untersuchung sind erstens zwei Monografien, die konkrete Auflistungen dieser Anforderungen beinhalten: *„Business Rules and Information Systems"* von TONY MORGAN (2002), einem Experten auf dem Gebiet wissensbasierter Systeme, sowie, stellvertretend für den deutschsprachigen Raum, die Dissertation von RAINER ENDL (2004) zum Thema *„Regelbasierte Entwicklung betrieblicher Informationssysteme"*. Diese werden zweitens zu dem sog. „Business Rules Manifest (BRM)" in Beziehung gesetzt, das in zehn Artikeln und weiteren 40 untergeordneten Aussagen diejenigen Merkmale, Anforderungen und Gestaltungsempfehlungen für den Business Rules-Ansatz zusammenfasst, die von der BRG als essentiell erachtet wurden. Das BRM wurde 2003 von der BRG veröffentlicht, und vor allem in Beiträgen US-amerikanischer Herkunft häufig als gegebener Standard akzeptiert[129]. Drittens wird die Monografie *„WHAT Not HOW – The Business Rules Approach to Application Development"* von CHRIS J. DATE (2000), einem Vertreter des datenbankzentrierten Ansatzes, in die Betrachtung einbezogen.

Nachfolgend werden die einzelnen Anforderungen – getrennt nach Kategorien – in tabellarischer Form vorgestellt und auf ihre Relevanz für die o. g. Literaturquellen überprüft. Enthält eine Literaturquelle keine Ausführungen zu einer Anforderung, lässt dies den Rückschluss zu, dass der oder die Verfasser diese Anforderung nicht als wesentlich im Sinne des Business Rules-Ansatz angesehen hat. Soweit in den betrachteten Werken darüber hinaus signifikant unterschiedliche Auffassungen vertreten werden, wird hierauf ausdrücklich eingegangen.

---

[127] Vgl. *BOYER/MILI* (2011), S. 150
[128] Vgl. *MORGAN* (2002), S. 295
[129] Vgl. *WITT (2011)*, S. 55, *ROSS* (2009), S. 7; aber auch: *SCHACHER/GRÄSSLE* (2006), S. 23

#### 4.3.3.2 Anforderungen an einzelne Geschäftsregeln

Zunächst ist festzustellen, dass bei *MORGAN* und *ENDL* sowie im BRM Geschäftsregeln vor allem durch die Art und Weise ihrer Formulierung charakterisiert sind, über die zudem weitgehende Einigkeit besteht. Während das BRM jedoch vor allem die Verständlichkeit der Formulierungen aus Sicht der Fachseite akzentuiert, wird bei den erstgenannten Autoren, bereits mit Blick auf eine automatisierte Weiterverarbeitung, auch die Verwendung standardisierter Regelschablonen (sog. „Rule Patterns") gefordert:

**Tab. 7:** Anforderungen an einzelne Geschäftsregeln

| Anforderung | Morgan (2002) | Endl (2004) | BRM (2002) | Date (2000) |
|---|---|---|---|---|
| Die Formulierung der Regeln soll sich an der **Terminologie** - Begriffe und Fakten - **der Fachseite** orientieren. | S. 293 | S. 29 | Nrn. 3.1, 3.4, 5.1, 5.3 | - |
| Die Formulierung der Regeln soll **deklarativ** sein, d. h. es sollen keine Lösungswege, sondern angestrebte Zustände beschrieben werden. | S. 59, 293 | S. 29 | Nrn. 4.1, 4.3 | S. 5, 19, 41 |
| Die Regeln sollen zur besseren Verständlichkeit in **natürlicher Sprache** formuliert sein. | S. 293 | S. 30 | Nrn. 4.1, 4.2, 5.3 | - |
| Einzelne Formulierungen von Regeln sollen **atomar** in dem Sinne sein, dass sie keine weiteren Regeln enthalten. | S. 61, 293 | S. 30 | Nrn. 4.7, 7.2 | - |
| Die Regeln sollen **unzweideutig** formuliert sein, d. h. es darf nur eine mögliche Interpretation geben. | S. 61 | S. 29 | - | - |
| Satzbau und sprachlicher Ausdruck müssen **strukturiert** bzw. **standardisiert** sein, um die Vielfalt möglicher Formulierungen für ein- und dieselbe Regel einzuschränken. | S. 294 | S. 30 | - | - |
| Die Herkunft der Regeln muss **nachvollziehbar** bleiben, es muss also dokumentiert sein, welcher Zweck mit ihnen verfolgt wird. | S. 294 | S. 30 | Nrn. 6.3, 8.1 | - |

Mit der bei *MORGAN* und *ENDL* vertretenen Forderung nach atomaren Regeln korrespondieren die Nummern 4.7 und 7.2 des BRM, wonach jede Ausnahme von einer Regel schlicht durch eine weitere Regel auszudrücken ist. Schließlich bleibt noch zu erwähnen, dass sich die Nachvollziehbarkeit der Regeln bei Morgan nicht nur auf deren fachliche Quelle – Geschäftsziele, -strategien und -taktiken - sondern auch auf das „Wie" und „Wo" ihrer technischen Realisierung bezieht. Insbesondere nach der Business Rules-Methodologie nach *VON HALLE* kommt dem Aspekt der Rückführbarkeit („Traceability") in beide Richtungen als einem von vier Grundprinzipien des Business Rules-Ansatzes überragende Bedeutung zu[130].

Ganz anders zeichnen sich Geschäftsregeln bei *DATE* vor allem durch ihre deklarative Beschreibung als solche aus. Der Benefit des Business Rules-Ansatzes ist in erster Linie technischer Natur und wird darin gesehen, Geschäftsregeln außerhalb von Applikationen und DBMS definieren und automatisiert in ausführbaren Programmcode übersetzen zu können[131]. Die Eindeutigkeit des Regelinhalts ergibt sich unmittelbar aus der Formgebundenheit der jeweiligen deklarativen Programmiersprache. Es wird zwar positiv bewertet, dass deklarativ formulierte Regeln Angehörigen des Fachpersonals tendenziell zugänglicher sind als prozedural formulierte[132]. Eine Formulierung der Regeln in natürlicher Sprache oder Attribuierung der Regeln mit Informationen zu korrespondierenden Motiven und Zielen wird jedoch nicht gefordert.

### 4.3.3.3 Anforderungen an Geschäftsregelmengen

Eine Regelmenge beschreibt einen bestimmten, abgrenzbaren Realitätsausschnitt des Unternehmens, z. B. einen Geschäftsprozess, eine organisatorische oder geografische Einheit, oder aber das Unternehmen als Ganzes[133].

Tabelle 8 verdeutlicht, dass die Monografien von *MORGAN* und *ENDL* mit dem BRM in einem der wichtigsten Punkte, der Forderung nach Konsistenz, im Einklang stehen. Kompatibilität kann dabei als Grundvoraussetzung für Konsistenz aufgefasst werden kann: Werden dieselben Begriffe und Fakten in unterschiedlichen Sinnzusammenhängen verwendet, kann dies widersprüchliche Beschreibungen der Realität begünstigen[134]. Auch die Vermeidung redundanter Regelungsinhalte dient vor allem diesem Zweck, der Entstehung von Inkonsistenzen durch spätere Änderungen der Regeln vorzubeugen[135].

Die Forderung nach Vollständigkeit bei *MORGAN* und *ENDL* ist korrespondiert mit Nr. 3.3 des BRM, wonach implizite Annahmen über Begriffe und Fakten unzulässig, diese mithin zu explizieren sind. Zugleich soll die Anzahl der Regeln aus Gründen der Effizienz auf ein erforderliches Minimum reduziert werden. Vor diesem Hintergrund empfiehlt *MORGAN*, Regeln als Einschränkungen des Handelns zu formulieren, da deren Umfang im Regelfall geringer sei als der des Erlaubten[136].

**Tab. 8:** Anforderungen an Regelmengen

| Anforderung | Morgan (2002) | Endl (2004) | BRM (2002) | Date (2000) |
|---|---|---|---|---|
| Die Regeln innerhalb des betrachteten Realitätsausschnitts sollen **konsistent** sein, sich also nicht widersprechen. | S. 61, 294 | S. 30 f. | Nrn. 2.3, 5.2 | S. 47 |

---

[130] Vgl. *VON HALLE* (2001), S. 5 und S. 13
[131] Vgl. *DATE* (2000), S. 5-8
[132] Vgl. *DATE* (2000), S. 41
[133] Vgl. *MORGAN* (2002), S. 294, *ENDL* (2004), S. 30
[134] Vgl. *APPLETON* (1984), S. 156
[135] Vgl. *MORGAN* (2002), S. 295
[136] Vgl. *MORGAN* (2002), S. 293

| | | | | |
|---|---|---|---|---|
| Die Regeln innerhalb eines betrachteten Realitätsausschnitts sollen **kompatibel** sein, sich also auf dieselbe Terminologie beziehen. | S. 61 | - | Nrn. 2.3, 5.2 | - |
| Die Regeln innerhalb des betrachteten Realitätsausschnitts sollen **überschneidungsfrei** sein. | S. 295 | S. 30 | - | S. 47 |
| Die Menge der Regeln soll den betrachteten Realitätsausschnitt **vollständig** abdecken. | S. 294 | S. 30 | Nrn. 3.3, 4.2 | S. 42 |
| Es sollen nicht mehr Regeln formuliert werden, als unbedingt erforderlich (**Minimierung** der Regelmenge). | S. 293 | - | Nrn. 8.4, 8.5 | - |

ENDL, MORGAN und das BRM adressieren mit diesen Anforderungen den Prozess der Regelidentifikation: Nach der möglichst vollständigen Erhebung der Regeln aus verschiedenen Quellen ist eine Verifizierung, d. h. eine Qualitätssicherung im Sinne der o. g. Anforderungen durchzuführen. Dies kann durchaus in IT-gestützter Form erfolgen[137].

Im Gegensatz hierzu stellt DATE Redundanzfreiheit und Konsistenz der Regelausführung als direkte Folgen deklarativer Programmierung dar: Alle Regeln müssten nur einmal, d. h. redundanzfrei, deklarativ beschrieben werden. Das System würde daraufhin automatisch sicherstellen, dass jede Regel an den richtigen Stellen im Programmablauf zur Anwendung käme, und dass dies, sofern eine Regel mehrere Stellen beträfe, in konsistenter Weise geschähe[138]. DATE hebt zwar den Wert einer vollständigen Regelmenge als umfassendes Unternehmensmodell hervor[139]. Auf das Prozedere zur Vervollständigung dieser Regeln wird jedoch nicht näher eingegangen.

#### 4.3.3.4 Anforderungen an den Umgang mit Geschäftsregeln

Als Leitmotiv des Business Rules-Ansatzes wird von einer Vielzahl von Autoren übereinstimmend die Steigerung der IT-Agilität genannt. Um IT-Agilität durch Geschäftsregeln steigern zu können, müssen diese zunächst expliziert werden[140].

Vor diesem Hintergrund wird ein bestimmendes Merkmal des Ansatzes bei nahezu allen Autoren darin gesehen, Geschäftsregeln als eigenständige Komponente von Informationssystemen zu verstehen, und in allen Phasen des Entwicklungsprozesses separat zu verwalten. MORGAN, ENDL und das BRM streichen die Bedeutung von Rule Repository bzw. prozessübergreifenden Regelwerken heraus, in die ausnahmslos alle Regeln, unabhängig vom „Ob" und „Wie" ihrer technischen Realisierung zu integrieren sind. Auf dieser Basis können dann zum einen die bereits beschriebenen Konsistenz- und Vollständigkeitsprüfungen durchgeführt, und zu sämtlichen Regeln ergänzende Angaben, etwa zum Ort ihrer Implementierung

---

[137] Vgl. KNAUF et al. (2004), S. 344
[138] Vgl. DATE (2000), S. 47
[139] Vgl. DATE (2000), S. 42
[140] Vgl. ANDREESCU/UTA (2008), S. 23

hinterlegt werden. Zum Anderen können die einmal beschriebenen (und implementierten) Regeln an weiteren Stellen des Softwaresystems wiederverwendet werden („*reuse*") [141].

Die automatisierte Übersetzung der im Rule Repository gespeicherten Regeln in Programmcode mittels Rule Engines wird bei *MORGAN* und *ENDL* zwar empfohlen, um den Implementierungsaufwand zu verringern, und künftige Änderungen in der Anwendungslogik nur noch an einer Stelle vornehmen zu müssen. Zugleich werden aber auch Varianten eines Systemdesigns skizziert, bei denen lediglich ein Rule Repository, als bloßes Regelregister mit gewissen Verwaltungsfunktionen, zum Einsatz kommt[142]. *MORGAN* führt ferner aus, dass Geschäftsregeln auch nicht zwingend regelbasiert, etwa in LISP oder PROLOG, zu programmieren, Spezifikation und Implementierung vielmehr zu trennen sind[143]. Auch das BRM bezeichnet den Einsatz einer Rule Engine lediglich als „bessere", nicht als zwingende Implementierungsstrategie, und unterscheidet zwischen einer Regel und ihrer Durchsetzung.

Im Gegensatz hierzu stellt *DATE* die automatisierte Umsetzung deklarativ formulierter Regeln in prozeduralen Programmcode als zentrales Motiv des Business Rules Ansatzes[144] heraus: „*And that's really what ,business rules' are all about: automating the business processing.*[145]"

Folgerichtig werden dort auch keine weiteren Aussagen zur Ausgestaltung eines kontinuierlichen Geschäftsregelmanagements getroffen.

**Tab. 9:** Anforderungen an den Umgang mit Geschäftsregeln

| Anforderung | Morgan (2002) | Endl (2004) | BRM (2002) | Date (2000) |
|---|---|---|---|---|
| Regeln sollen separat, von den Hard- und Softwarekomponenten des Informationssystems **unabhängig** geführt werden. | S. 241-244, 296 | S. 23, 256 f. | Nrn. 2.2, 2.3, 4.4, 4.5, 6.1, 10.3 | S. 41f., 53 |
| Aus den Formulierungen der Regeln soll automatisiert ausführbarer **Programmcode generiert** werden. | S. 10, 297 | S. 23, 257 | Nr. 6.2 | S. 7 |
| Regeln sollen **aktiv gemanagt**, d. h. erhoben, überprüft und laufend verbessert werden. | S. 295 | S. 31 | Nrn. 3.5, 9.2, 9.3 | - |
| Die Pflege und Weiterentwicklung der Regeln muss einem **Verantwortungsbereich** eindeutig zugeordnet sein. | S. 295 f. | S. 31 | Nrn. 9.1, 9.2, 9.3 | - |
| Jede Regel solle für den Verantwortlichen mit **Kosten** verbunden sein. | - | - | Nrn. 8.2, 8.3 | - |

---

[141] Vgl. *MORGAN* (2002), S. 299
[142] Vgl. *ENDL* (2004), S. 256 f., *MORGAN* (2002), S. 212 f.
[143] Vgl. *MORGAN* (2002), S. 297
[144] Ähnlich auch *BOYER/MILI* (2011), S. 24
[145] Vgl. *DATE* (2000), S. 7

Während *Morgan, Endl* und das BRM die Notwendigkeit eines aktiven Regelmanagements einhellig bejahen, wird die Frage nach der Verantwortlichkeit unterschiedlich beantwortet: *Endl* betont lediglich das generelle Erfordernis einer eindeutigen Zuordnung von Regelmengen zu Verantwortungsbereichen. Das BRM sieht diese Verantwortung klar auf Seiten der jeweiligen Fachabteilung. *Morgan* räumt hingegen ein, dass es zur Koordination der Pflege weitverzweigter Regelnetzwerke bis zu einem gewissen Grad einer Bündelung der Verantwortung bedarf, und verortet diese im Bereich des organisationalen Wissensmanagements. In diesem Sinne ist auch die Forderung *von Halles* zu werten, Geschäftsregeln der Allgemeinheit zugänglich zu machen, und damit einer fortlaufenden Evaluierung zu unterwerfen[146].

Eine in dieser Deutlichkeit allein durch das BRM erhobene Forderung ist schließlich die nach der monetären Bewertung der Regeln, als Basis für eine regelbezogene Kosten-Nutzen-Rechnung.

Zusammenfassend ist festzustellen, dass der ganzheitliche, technischen und fachlichen Nutzen umfassende Anspruch des Business Rules-Ansatzes - wenn auch mit unterschiedlichen Nuancen - nur in den Monografien von *Morgan* und *Endl* sowie im BRM verfolgt wird. Geschäftsregeln kommen darin als Bindeglied zwischen fachlicher Anforderung und technischer Umsetzung Schlüsselfunktion für beide Seiten zu. Im Gegensatz hierzu sieht *Date* als Vertreter des datenbankorientierten Ansatzes in Geschäftsregeln Integritätsbeschränkungen, die außerhalb des DBMS, in Rule Engines geführt werden, letztlich aber doch nur die Aufrechterhaltung eines konsistenten Datenbestandes bezwecken[147].

### 4.3.4 Die Identifikation von Geschäftsregeln

Gerade in denjenigen Monografien, die den Business Rule-Ansatzes im o. g. Sinne ganzheitlich interpretieren, nimmt die Frage breiten Raum ein, wie und woraus Geschäftsregeln zu extrahieren sind. Beispielhaft können die Handbücher von *Schacher/Grässle* (2006) und *von Halle* (2002) genannt werden, nach denen die Projektierung von Business Rules-Technologie mit einer umfassenden Analyse der fachlichen Anforderungen zu beginnen hat, die sich bereits an den Prinzipien des Business Rules-Ansatzes orientiert. Der Erhebungsprozess von Geschäftsregeln wird dabei als schrittweise Verfeinerung der übergeordneten Visionen, strategischen („Goals") und operativen Ziele („Objectives") in die zu deren Erreichung verfolgten Strategien und operative Richtlinien („Policies") beschrieben[148]. Auch in den übrigen Literaturquellen wird mehrheitlich eine Ableitung von Geschäftsregeln nach dem Top-Down-Prinzip postuliert, wobei die erwähnten „Policies", als nächsthöhere Aggregationsstufe in der Hierarchie fachlicher Anforderungen, den unmittelbaren Anknüpfungspunkt bilden[149]. Das von der BRG entwickelte und von der OMG übernommene Business Motivation Model (BMM), ein Meta-Modell zur Spezifikation von Zweck und Mitteln unternehmerischer Zielerreichung, definiert den Policy-Begriff wie folgt:

---

[146] Vgl. *Von Halle* (2001), S. 13
[147] Vgl. *Date* (2000), S. 124
[148] Vgl. *Schacher/Grässle* (2006) S. 56-58, *von Halle* (2001), S. 84
[149] Vgl. BRG (2000), S. 9, *Bajec/Krisper* (2005), S. 327, *Kovacic/Groznik* (2004), S. 563

*"A Business Policy is a Directive that is not directly enforceable, whose purpose is to govern or guide the enterprise. Business Policies provide the basis for Business Rules. Business Policies also govern Business Processes.*[150]*"*

Eine Kombination aus Top-Down- und Bottom-Up-Methoden der Regelerhebung wird bei REGEV/WEGMANN vorgeschlagen: Geschäftsregeln sind keine objektiv gegebenen Anforderungen, die es nur noch zu explizieren gilt, sondern Ergebnis kontinuierlicher Aushandlungsprozesse zwischen den beteiligten Akteuren. Dementsprechend sind nicht nur die organisationalen Ziele, sondern auch diejenigen der betroffenen Akteure zu betrachten, zu denen auch externe Stakeholder gezählt werden können[151].

Eine Kombination aus Top-Down- und Bottom-Up-Ansätzen ergibt sich schließlich auch mit Blick auf die Quellen und Analysemethoden, die in der Literatur zur Regelidentifikation vorgeschlagen werden[152]. Als Quellen von Geschäftsregeln kommen dabei in Betracht:

- Interne und externe *Dokumente* jeglicher Art, z. B. Leitbilder, Unternehmens-, Daten- und Prozessmodelle, Fachkonzepte, Arbeitsanweisungen, Formulare, Systemspezifikationen, Organigramme, Gesetze und internationale Standards

- Nicht dokumentiertes, d. h. *implizites Wissen* von Fach- und Führungskräften

- Systembestandteile bestehender *Anwendungssysteme*, insbesondere Applikationen und Datenbanken

Zur Strukturierung des Prozedere wird in zahlreichen Beiträgen empfohlen, Prozessmodelle von strategisch wichtigen Kernprozessen als Ausgangspunkte zu wählen, und bedarfsabhängig weitere Quellen heranzuziehen[153]. Aufgrund ihrer größeren Präzision bieten sich auch Spezifikationen von WfMS an. Ferner finden sich Ansätze, mit der Auswertung von Datenmodellen[154] oder Anwendungsfalldiagrammen[155] zu beginnen.

MORGAN beschreibt drei grundsätzlich mögliche Methoden, Geschäftsregeln aus den o. g. Quellen zu extrahieren[156]:

- Als *Statische Analyse* wird das Identifizieren von Regeln durch Sichtung der Quelldokumente verstanden.

- Unter *interaktiven Sitzungen* sind Interviews oder Workshops mit ausgewählten Wissensträgern zu verstehen.

- Bei *automatisierten Analysen* kommen vorrangig maschinelle Verfahren zur Hervorhebung von Regeln aus Programmcode, etwa durch gezielte Suche nach Wenn–Dann-Klauseln, zum Einsatz. Beiträge zur Extraktion von Geschäftsregeln aus Programmcode finden sich bei COSENTINO et al. für die Programmiersprache Java, für COBOL bei SNEED/ERDÖS[157]. Daneben können aber auch Data Mining Verfahren in Betracht kommen,

---

[150] BMM (2010), S. 35
[151] Vgl. REGEV/WEGMANN (2001), S. 4 und 8
[152] Vgl. MORGAN (2002), S. 104 f.,
[153] vgl. BOYER/MILI (2011), S. 81 f. und KOVACIC/GROZNIK (2004), S. 565
[154] vgl. BOYER/MILI (2011), S. 81 f. und APPLETON (1986), S. 88
[155] vgl. BOYER/MILI (2011), S. 81 f. und REGEV/WEGMANN (2001)
[156] Vgl. MORGAN (2002), S. 109 f.
[157] Vgl. COSENTINO et al. (2012) und SNEED/ERDÖS (1996)

um bestimmte Strukturen in Datenbeständen zu identifizieren und neue, nichttriviale Abhängigkeiten aufzuzeigen, die sich in Regelform explizieren lassen. Nelson identifiziert in der Erhebung von Geschäftsregeln aus bestehenden Systemen einen der Forschungsschwerpunkte des Business Rules-Ansatzes[158].

Eine Übersicht über die jeweilige Eignung der Analysemethoden zur Anwendung auf die o. g. Quellen ist in Tabelle 10 dargestellt.

**Tab. 10:** Eignung von Methoden zur Regelidentifikation[159]

| Quellen | Eignung der Analysemethoden | | |
|---|---|---|---|
| | Statisch | Interaktiv | Automatisiert |
| **Dokumente** | Hoch | Mittel | Niedrig |
| **Implizites Wissen** | Ungeeignet | Hoch | Ungeeignet |
| **Anwendungssysteme** | Niedrig | Mittel | Hoch |

Die Ableitung von Geschäftsregeln und schrittweise Anpassung an die in Kapitel 4.3 vorgestellten, formalen Anforderungen wird bei Pitschke als *„Normalisierung von Regeln"* bezeichnet[160].

Mit der Identifikation von Geschäftsregeln eng verbunden ist schließlich auch die Frage, wie bei Regelkonflikten mit Blick auf die Ursprünge der konfligierenden Regeln zu verfahren ist. HERBST nimmt hierfür eine Einteilung der Regeln in vier Gruppen vor, die zueinander in hierarischen Beziehungen stehen: An oberster Stelle stehen naturgesetzliche Gegebenheiten, wie etwa der Umstand, dass der Beschäftigungsbeginn eines Mitarbeiters nicht vor dessen Geburtsdatum liegen kann. An zweiter Stelle folgen grundsätzlich änderbare, aber dennoch extern vorgegebene und damit nicht verhandelbare Regeln, u. a. aus gesetzlichen Vorschriften. Diesen untergeordnet sind unternehmensinterne Regeln, die wiederum danach unterschieden werden, ob sie drittens aus originären bzw. primären Quellen stammen, oder viertens nur aus sekundären, die ihrerseits aus primären Quellen abgeleitet wurden.

Liegen konfligierende Regeln unterschiedlicher Hierarchieebenen vor, ist der Konflikt zugunsten der ranghöheren Regel zu entscheiden, im Falle gleichrangiger Regeln ist eine einzelfallabhängige Entscheidung erforderlich[161].

Neben dieser Einteilung der Geschäftsregeln nach ihrer Herkunft existieren weitere Klassifizierungsansätze, die in Kapitel 5 vorgestellt werden. Zuvor erfolgt eine Einordnung des Geschäftsregelbegriffs in den breiteren Kontext angrenzender Forschungsgebiete sowie eine Analyse der ausgewerteten Artikel in methodischer Hinsicht.

---

[158] Vgl. NELSON et al. (2010) S. 31
[159] In Anlehnung an MORGAN (2002), S. 110 und BOYER/MILI (2011), S. 86
[160] Vgl. PITSCHKE (2010), S. 23
[161] Vgl. HERBST (1997), S. 75-78

## 4.4 Geschäftsregeln in angrenzenden Forschungsgebieten

### 4.4.1 IT-Compliance

Sofern man den Begriff der Geschäftsregel der Mehrzahl der in Kapitel 4.3.1 zitierten Definitionen entsprechend weit auslegt und auch unternehmensexterne Vorgaben darunter fasst, ergibt sich aus den Forschungsgegenständen des Business Rules-Ansatzes und der IT-Compliance eine gemeinsame Schnittmenge derjenigen Regeln, die durch Gesetze, vertragliche Vereinbarungen oder branchenspezifische Sachzwänge, z. B. branchenintern anerkannte Standards oder Zertifizierungsvoraussetzungen, vorgegeben sind.

Die beiden Ansätze unterscheiden sich dabei durch den Blickwinkel, aus dem Regeln betrachtet werden: Nicht die Steigerung der IT-Agilität steht im Kontext der IT-Compliance im Fokus, sondern die Minimierung der sich aus Regelverstößen ergebenden Risiken. Die Höhe dieser Risiken bemisst sich dabei nach dem potentiellen Ausmaß der staatlichen Zwangs- oder Bußgelder, Schadensersatzforderungen, Vertragsstrafen, Imageschäden oder Wettbewerbsnachteile[162], und kann im Extremfall die Existenz des Unternehmens gefährden. Vor diesem Hintergrund kommt das ökonomische Prinzip zur Anwendung: In welchem Umfang sollen Investitionen in die Herstellung der notwendigen, aber unproduktiven IT-Compliance getätigt werden, um die o. g. Risiken gerade noch zu vermeiden, IT-Performance und – Gestaltungsmöglichkeiten dabei aber nicht mehr als nötig einzuschränken[163]?

Erhebliche Schnittmengen zum Business Rules-Ansatz ergeben sich jedoch in der Art und Weise, wie IT-Compliance hergestellt, wie also die fraglichen Regeln identifiziert, verifiziert, in unternehmensspezifische Geschäftsprozessmodelle integriert und schließlich implementiert werden[164]. Wie der Business Rules-Ansatz verlangt auch IT-Compliance nach einer vollständigen, konsistenten und unzweideutigen Dokumentation der Regeln, um deren Einhaltung ggf. Dritten gegenüber nachweisen zu können[165]. ZUR MÜHLEN/INDULSKA/KAMP untersuchen etwa, durch welche Kombination einer konkreten Regel- mit einer konkreten Prozessmodellierungssprache compliancerelevante Anforderungen in der am meisten vollständigen und überschneidungsfreien Art und Weise abgebildet werden können[166].

Im Übrigen finden sich jedoch, allen Gemeinsamkeiten ungeachtet, in den Forschungsbeiträgen zum Business Rules-Ansatz nur wenige ausdrückliche Querverweise auf das benachbarte Forschungsfeld.

### 4.4.2 Semantic Web

Das Konzept des Semantic Web zielt darauf ab, die im World Wide Web verfügbaren Inhalte mit eindeutigen Beschreibungen ihrer Bedeutung zu belegen, um maschinell interpretiert und ausgewertet werden zu können. Maschinelle Auswertungen zum Suchbegriff „Paris" könnten auf dieser Grundlage z. B. danach unterscheiden, ob Informationen zur französischen Haupt-

---

[162] Vgl. KLOTZ/DORN (2008), S. 7
[163] Vgl. BÖHM (2009), S. 51
[164] Vgl. SACKMANN (2008), S. 40-45
[165] Vgl. SCHACHER/GRÄSSLE (2006), S. 16
[166] Vgl. ZUR MÜHLEN/INDULSKA/KAMP (2007)

stadt oder zur griechischen Mythologie angeboten werden. Gegenstand der Forschungsbemühungen ist die Entwicklung von Standards, mit deren Hilfe das im Netz verteilte Wissen auch zur Beantwortung komplexerer Anfragen genutzt werden kann[167].

Die Beschreibung der Begriffe und ihrer Beziehungen zueinander erfolgt auf der Grundlage des eigens für das Semantic Web entwickelten Ressource Description Framework (RDF) sowie der Web Ontology Language (OWL). Zudem wurden im Jahr 2000 mit der Rule Markup Language (RuleML) Spezifikationen für eine Sprachfamilie geschaffen, mit der Regeln, basierend auf der Extensible Markup Language (XML), in formaler Weise beschrieben und plattformübergreifend ausgetauscht werden können[168]. *BOLEY/PASCHKE/SHAFIQ* demonstrieren die hohe Ausdrucksmächtigkeit der RuleML durch exemplarische Anwendung auf verschiedene Regelarten, und unterstreichen deren Status als Quasi-Standard zur Beschreibung von Web Rules in Forschung und Praxis[169]. Mit der Semantic Web Rule Language (SWRL) wurde schließlich ein weiterer Sprachstandard vorgestellt, der die OWL-Syntax mit Elementen der RuleML-Sprachfamilie kombiniert[170]. Vergleichbare Ansätze benennen u. a. *CHNITI* et al[171].

Auf den Prinzipien der Prädikatenlogik aufbauend, ermöglichen die Beschreibungssprachen der Semantic Web–Initiative die Ableitung neuen Wissens durch Anwendung von Inferenzmechanismen in ähnlicher Weise, wie dies bereits im Zusammenhang mit Expertensystemen und Business Rule Engines thematisiert wurde[172]. *GOLBREICH* zeigt etwa am Beispiel von OWL und SWRL auf, wie erst durch eine kombinierte Anwendung von Inferenzmechanismen auf Ontologien und Regeln in vollständiger Weise Schlussfolgerungen gezogen werden können[173].

Im Vergleich zur Semantic Web-Initiative fokussiert der Business Rules-Ansatz teilweise unterschiedliche Arten logischer Schlussfolgerungen: Da letzterer nicht nur die Auswertung „statischer" Informationsstrukturen, sondern auch die dynamische Steuerung betrieblicher Geschäftsprozesse adressiert, kommen neben reinen Aktionsregeln auch logische Aussagen über Pflichten, Verbote und Verbindlichkeitsgrade der Regelbefolgung, die sog. deontische Logik, zum Einsatz[174].

Darüber hinaus liegt den Schlussfolgerungen des Semantic Web – dem Wesen des Internets entsprechend - durchgehend die Annahme unvollständigen Wissens, die sog. *Open World Assumption*, zugrunde, wonach etwa die Unkenntnis über die Existenz eines konkreten Objekts nicht gleichbedeutend ist mit der Annahme, dass dieses Objekt nicht existiert. Die SBVR spezifizieren unvollkommenes Wissen zwar ebenfalls als Regelfall, räumen dabei jedoch ein, dass in der betrieblichen Praxis in einer Vielzahl von Fällen die sog. *Closed World Assumption* aus Gründen der Praktikabilität zu bevorzugen ist, und sich tatsächlich auch in vielen Datenbankentwürfen widerspiegelt[175]. „Lokale Geschlossenheit" kommt nach der

---

[167] Vgl. ANTONIOU/WAGNER (2003), S. 111
[168] Vgl. BOLEY/PASCHKE/SHAFIQ (2010), S. 162
[169] Vgl. BOLEY/PASCHKE/SHAFIQ (2010), S. 165 sowie auch NAGL/ROSENBERG/DUSTDAR (2006), S. 2
[170] Vgl. GOLBREICH (2004), S. 10
[171] Vgl. CHNITI et al. (2010), S. 302 f.
[172] Vgl. GRAHAM (2007), S. 111
[173] Vgl. GOLBREICH (2004), S. 19
[174] Vgl. GOEDERTIER/HAESEN/VANTHIENEN (2008), S. 198
[175] Vgl. SPREEUWENBERG/GERRITS (2006), S. 156

SBVR etwa dann zur Anwendung, wenn in einer Relation abschließend aufgeführt ist, wer zum Führen eines Kraftfahrzeugs berechtigt ist. Ist ein Mitarbeiter in dieser Relation nicht enthalten, ist darauf zu schließen, dass er über diese Berechtigung nicht verfügt[176].

Schließlich ergibt sich ein weiterer Unterschied aus dem Umstand, dass der Business Rules-Ansatz zur besseren Verständlichkeit der Regeln aus Nutzersicht Formulierungen in natürlicher Sprache postuliert. Die Semantic Web-Initiative strebt hingegen die maschinelle Interpretierbarkeit von Bedeutungen an, und fordert infolgedessen eine Wissens- bzw. Ontologierepräsentation in formaler Form[177].

Obwohl Business Rules-Ansatz und Semantic Web-Initiative unterschiedliche Ziele verfolgen, sind in der wissenschaftlichen Literatur zahlreiche Querverweise zu finden, in denen Synergieeffekte zwischen den beiden Forschungsrichtungen diskutiert werden. Diese Effekte resultieren aus dem gemeinsamen Anliegen, Ontologien zu beschreiben, die ihrerseits die Grundlage für Inferenzen bilden[178]. *BOLEY/PASCHKE/SHAFIQ* betonen etwa, dass RuleML auch zur Beschreibung von Geschäftsregeln verwendet werden kann, räumen dabei jedoch ein, dass es weiterer Entwicklungen zur Beschreibung modaler Logik sowie zur Übersetzung in SBVR bedarf[179]. *NAGL/ROSENBERG/DUSTDAR* stellen den Prototyp eines Netzwerkes aus heterogenen Rule Engines vor, die mit Clients sowie untereinander RuleML basierte Dokumente mit Abfragen und Fakten als In- und Outputs austauschen. In einigen Beiträgen werden Ansätze vorgestellt, semantische Lücken der objektorientierten Wissensrepräsentation in BRMS durch Einbindung OWL-basierter Ontologien in dessen Rule Engine zu schließen[180]. Ferner wurde mit dem Ontology Definition Metamodel (ODM) der OMG ein Meta-Modell geschaffen, das einen Bezugsrahmen für Beschreibungssprachen beider Forschungsbereiche herstellt[181].

Seit 2002 findet das jährliche International Web Rule Symposium (RuleML) mit Beiträgen zu regelbasierten Technologien statt, das aus einer Reihe von Workshops und Konferenzen zum Semantic Web hervorgegangen ist.

## 4.5 Methodenspektrum der analysierten Artikel

Unter den ausgewerteten Artikeln befanden sich 14 Beiträge, die sich mit den Aspekten „Begriff und Bedeutung" und „Identifikation" von Geschäftsregeln befasst haben. Soweit der Fokus auf dem erstgenannten der beiden Aspekte lag, können die betreffenden Artikel weiter danach unterschieden werden, aus welchem Blickwinkel sie diesen betrachten. Insbesondere in älteren Beiträgen wird die Bedeutung der Geschäftsregeln zur Spezifikation fachlicher Anforderungen mit argumentativen Mitteln aus der *Unvollkommenheit* des existierenden Paradigmen- und Methodenspektrums der Wirtschaftsinformatik abgeleitet. *APPLETON* argumentiert etwa mit der mangelnden Verständlichkeit existierender Datenmodellierungsmethoden

---

[176] Vgl. SBVR (2008), S. 91-94
[177] Vgl. *SPREEUWENBERG/GERRITS* (2006), S. 155
[178] Vgl. *BOYER/MILI* (2011), S. 76 und *SPREEUWENBERG/GERRITS* (2006), S. 156
[179] Vgl. *BOLEY/PASCHKE/SHAFIQ* (2010), S. 176 f. und Kap. 6.2.2.3
[180] Vgl. *EL GHALI / CHNITI / CITEAU* (2012), S. 62 f. und *CHNITI* et al. (2010), S. 299
[181] Vgl. *GRAHAM* (2007), S. 66

für Angehörige der Fachseite[182]. MORIARTY und GOTTESDIENER ziehen dieselbe Folgerung aus ihren jeweiligen Betrachtungen zur objektorientierten Modellierung[183].

Daneben wurden einige Beiträge identifiziert, die die Bedeutung des Business Rules-Ansatzes, ebenfalls in argumentativer Weise, aus dessen *Komplementarität* zu anderen Paradigmen und Methoden ableiten. SCHEER/WERTH erläutern die komplexitätsreduzierende Wirkung einer kombinierten Geschäftsregel- und –prozessmodellierung[184]. PETSCH/PAWLASZCZYK/ SCHORCHT diskutieren die Bedeutung von Geschäftsregeln als steuernde Elemente in Multiagentensystemen[185]. SPREEUWENBERG/GERRITS analysieren die Unterschiede und Gemeinsamkeiten von Business Rules-Ansatz und Semantic Web-Initiative, woraus sie auf potentielle Synergieeffekte schließen[186].

Ein weiterer methodischer Ansatz findet sich bei KOVACIC/GROZNIK und dem Beitrag der BRG: In beiden Artikeln wird die argumentativ hergeleitete Bedeutung des Business Rules-Ansatzes zusätzlich durch semiformale Meta-Modelle untermauert, die Geschäftsregeln u. a. zu den Unternehmenszielen in Beziehung setzen[187]. Ferner wurden zwei Beiträge identifiziert, die darauf abzielen, einen Überblick über verschiedene konzeptionelle Ansätze in der Literatur zum Business Rules-Ansatz zu verschaffen. Die Betrachtungen im Rahmen dieser Reviews fließen jedoch nur bei ANDREESCU/UTA in eine vergleichende Bewertung ein[188].

Zieht man letztlich auch diejenigen Beiträge mit hinzu, die den Aspekt der Identifizierung von Geschäftsregeln adressieren, wird das Methodenspektrum durch die bereits in Kapitel 4.3.4 erwähnten Artikel ergänzt, in denen jeweils ein Prototyp zur Extraktion von Geschäftsregeln aus existierendem Programmcode geschaffen wurde.

---

[182] Vgl. APPLETON (1984), S. 148 f.
[183] Vgl. GOTTESDIENER (1999), S. 72 und MORIARTY (1993), S. 68
[184] Vgl. SCHEER/WERTH (2005), S. 6
[185] Vgl. PETSCH/PAWLASZCZYK/SCHORCHT (2007), S. 355
[186] Vgl. SPREEUWENBERG/GERRITS (2006), S. 162 f.
[187] Vgl. BRG (2000), S. A-3 und KOVACIC/GROZNIK (2004), S. 564
[188] Vgl. ANDREESCU/UTA (2008), S. 26 und STEINKE/NICKOLETTE (2003), S. 2003

# 5 Die Klassifikation von Geschäftsregeln

## 5.1 Motive und Anforderungen

Im Vergleich zu anderen elementaren Bestandteilen von Unternehmensmodellen kann die Anzahl der zu modellierenden Geschäftsregeln leicht mehrere tausend umfassen, und damit den Umfang anderer Komponenten, etwa der zu modellierenden organisatorischen Einheiten, Rollen oder Ereignisse, um ein Vielfaches übertreffen[189]. Vor diesem Hintergrund werden in der Literatur verschiedene Ansätze vertreten, die Menge aller Geschäftsregeln nach bestimmten Kriterien zu klassifizieren, um damit in allen Phasen regelbasierter Systementwicklung zur Komplexitätsreduktion beizutragen:

- Wie die Phase der Identifikation von Geschäftsregeln durch eine Klassifikation von Regeln nach Regelquellen unterstützt werden kann, wurde bereits in Kapitel 4.3.4 vorgestellt.

- In der Analyse- und Entwurfsphase können Regelklassen als Ausgangspunkt für die Entwicklung bestimmter Grundstrukturen dienen, die als Regelschablonen zur Formulierung einzelner Regeln einer Klasse zum Einsatz kommen[190]. In diesem Sinne erleichtern sie auch die Überprüfung von Regel im Hinblick auf ihre Übereinstimmung mit der Realität und wechselseitige Widerspruchsfreiheit. Zudem können Regelklassen als eigenständige Objekte in Meta-Modellen fungieren[191].

- In der Implementierungsphase können den einzelnen Regelklassen verschiedene Implementierungsalternativen zugeordnet werden.

- In der späteren Betriebs- bzw. Wartungsphase können klassifizierende Merkmal – insbesondere die o. g. Regelschablonen – dazu verwendet werden, Regeln innerhalb eines Rule Repository nach betriebswirtschaftlich-organisatorischen oder systemtechnischen Kriterien zu analysieren und zu verwalten[192].

Um diese Funktionen zu erfüllen, können für Klassifikationsschemata ähnliche Anforderungen formuliert werden, wie dies bereits im Zusammenhang mit Geschäftsregelmengen in Kapitel 4.3.3 beschrieben wurde. Obwohl in der Literatur eine große Vielfalt unterschiedlicher Schemata vorzufinden ist, befassen sich jedoch nur sehr wenige Autoren explizit mit der Frage, welche Qualitätsmerkmale ein solches Schema zu erfüllen hat. In einigen Beiträgen findet sich der bloße Hinweis, dass die Wahl eines spezifischen Schemas zweckgebunden sei, dass es also kein „allgemein gültiges" geben könne[193]. Explizite Aufzählungen der von Regeltaxonomien zu erfüllenden Anforderungen finden sich in den Monografien von HERBST (1997) und ENDL (2004), sowie von STRUKELJ (2009), der sich inhaltlich auf ENDL bezieht[194]. Aus

---

[189] Vgl. MORGAN (2002), S. 55
[190] Vgl. ENDL (2004), S. 31 und WITT (2011), S. 84
[191] Vgl. HERBST/KNOLMAYER (1995), S.150
[192] Vgl. HERBST/KNOLMAYER (1995), S.150 und ENDL (2004), S. 31
[193] Vgl. VON HALLE (2001), S. 29 und KOVACIC/GROZNIK (2004), S. 563
[194] Vgl. STRUKELJ (2009), S. 58

diesem Grunde wird die nachfolgende Gegenüberstellung auf die beiden erstgenannten Autoren beschränkt:

**Tab. 11:** Anforderungen an Klassifikationsschemata von Geschäftsregeln

| Anforderung | Herbst (1997) | Endl (2004) |
|---|---|---|
| Das Schema soll **vollständig** sein, d. h. alle Geschäftsregeln sollen einer Regelklasse zugeordnet werden können. | S. 56 | (S. 32)[195] |
| Das Schema soll Regelklassen spezifizieren, die **orthogonal** zueinander stehen, also keine Überschneidungen aufweisen. | S. 56 | S. 32 |
| Das Schema sollte für alle beteiligten Personen **verständlich** sein. | - | S. 31 |
| Das Schema sollte **ganzheitlich** konzipiert sein, d. h. alle Phasen des Entwicklungsprozesses unterstützen. | - | S. 32 |

Einigkeit besteht bei beiden Autoren dahingehend, dass ein Klassifikationsschema durch klare Abgrenzungen der Regelklassen unzweideutige Zuordnungen erlauben muss. Als Vertreter eines ganzheitlichen Verständnisses des Business Rules-Ansatzes weist jedoch nur *ENDL* explizit auf die Notwendigkeit hin, alle beteiligten Personen, also auch Angehörige des Fachpersonals, sowie alle Phasen des Entwicklungsprozesses einzubeziehen.

Ein direkter Vergleich der in der Literatur vertretenen Klassifikationsschemata ist aufgrund der teilweise erheblichen Unterschiede in ihren Grundannahmen, Zielsetzungen und Verständnissen des Geschäftsregelbegriffs nur sehr eingeschränkt möglich. Nachfolgend werden daher einige dieser Klassifizierungsansätze vorgestellt, und mit Blick auf die bei *ENDL* formulierten Anforderungen indirekt zueinander in Beziehung gesetzt.

## 5.2 Implementierungsnahe Klassifikationsschemata

### 5.2.1 Das periodische System der Geschäftsregeln nach *ROSS*

In seinem 1994 erschienenen, und bis heute vielfach beachteten „Business Rules Book" stellt *ROSS* eine Taxonomie überschneidungsfreier Geschäftsregeltypen vor, die sich an der Spezifikation von Datenbanken orientiert. Durch eine auf Regeln basierende Entwicklung von Informationssystemen und eine Anpassung dieser Regeln an die Erfordernisse des unternehmensweiten DBMS sei insbesondere die Bewahrung der Datenintegrität systematisch sichergestellt[196]. In diesem Zusammenhang wird auf *ROSS'* Definition des Geschäftsregelbegriffs aus dem Jahr 1994 gem. Kapitel 4.3.1 verwiesen.

*ROSS* nimmt für die von ihm entwickelte Typologie in Anspruch, aufgrund deren enger Verflechtung mit Datenbankstrukturen nach technischen Kriterien objektiv die einzig richtige zu

---

[195] Diese Forderung ergibt sich bei *ENDL* nur implizit aus der Forderung, dass „eine eindeutige Zuordnung einer [beliebigen] Regel zu einer Regelklasse möglich" sein muss.
[196] Vgl. *ROSS* (1994), S. 2

sein, und vergleicht sie mit dem periodischen System der chemischen Elemente[197]. Er teilt die von ihm identifizierten, 42 Regeltypen folgenden Regelfamilien zu:

**Tab. 12:** Regelfamilien nach *ROSS*[198]

| Nr. | Regelfamilie | Anzahl Regeltypen /Bedeutung |
|-----|-------------|------------------------------|
| 1 | Instance Verifiers | 5 Regeltypen, die die Existenz von Instanzen eines Datentyps überprüfen |
| 2 | Type Verifiers | 5 Regeltypen, die die Koexistenz von Instanzen verschiedener Datentypen überprüfen |
| 3 | Sequence Verifiers | 6 Regeltypen, die die sequentielle Abfolge verschiedener Zustände eines Datentyps überprüfen |
| 4 | Position Selectors | 6 Regeltypen, die den Rang einer Instanz innerhalb einer Menge von Instanzen eines Datentyps nach ihrem Wert oder Alter überprüfen |
| 5 | Functional Evaluators | 6 Regeltypen, die die Instanzen eines Datentyps nach bestimmten Grundmustern ihrer Werte überprüfen (z. B. nach deren Einzigartigkeit oder Reihenfolge) |
| 6 | Comparative Evaluators | 6 Regeltypen, die Werte miteinander vergleichen (größer / kleiner / gleich) |
| 7 | Calculators | 3 Regeltypen, die Werte berechnen |
| 8 | Update Controllers | 4 Regeltypen, die weitere Datenbankveränderungen erzwingen oder unterbinden |
| 9 | Timing Controllers | 1 Regeltyp, der die Dauer der Existenz einer Instanz eines Datentyps überprüft |

Alle Regeltypen aller Regelfamilien können nach *ROSS* wahlweise als Integritätsbeschränkung („*Artikel x muss immer vorrätig sein*") oder als Prämisse („*Wenn Artikel x nicht vorrätig ist, dann ...*") einer Bedingung eingesetzt werden. Während erstere immer den Wahrheitswert „wahr" verlangt, setzt letztere auch die Möglichkeit eines negativen Ergebnisses voraus, und spezifiziert im Konklusionsteil ggf. entsprechende Konsequenzen. Als solche kämen z. B. die Prüfung weiterer Regeln oder die Vornahme von Datenmanipulationen über einen Regeltyp aus der Familie der „*Update Controller*" in Betracht. Es besteht somit die Möglichkeit, mehrere Regeln durch Bezugnahme auf die Konklusion einer vorangegangenen Bedingung zu verketten.

Mit der Regelfamilie der „*Calculators*" wird schließlich eine Möglichkeit geschaffen, aus gegebenen Werten mittels mathematischer Formeln neue Werte zu generieren.

---

[197] Vgl. *Ross* (1994), S. 3
[198] Vgl. *Ross* (1994), S. 14 - 17

Mit Blick auf das Kriterium der Vollständigkeit ist das Klassifikationsschema nach den Maßstäben eines ganzheitlichen Business Rules-Ansatzes, den *ROSS* als Mitglied der BRG postuliert, als unzureichend zu bewerten. Er selbst räumt auf die von ihm aufgeworfene Frage *„Is It Complete?"* ein, dass aufgrund der datenbankorientierten Vorgehensweise solche Regeln außer Acht gelassen wurden, die außerhalb des DBMS - in vorgelagerten Applikationen - systemseitige Aktionen und prozessuale Abläufe steuern. Zur Vervollständigung eines Entwicklungsansatzes von Informationssystemen sei die Einbeziehung dieser Aspekte aber unerlässlich[199].

Da *ROSS* das Vorhandensein eines Datenmodells als Abbild der Realität voraussetzt[200], entfällt ferner die Notwendigkeit, Regelklassen zur Ontologiebeschreibung einzuführen: Mit den vorhandenen Regelklassen können lediglich Instanzen von Datentypen nach bestimmten Kriterien überprüft, die Datentypen selbst aber nicht näher spezifiziert werden. So ließe sich etwa eine Regel von der Sorte *„Datentyp A ist eine Unterart von Datentyp B"* keiner der o. g. Regelklassen subsumieren.

Damit lässt sich zusammenfassend feststellen, dass das vorliegende Klassifikationsschema für eine ganzheitliche Unterstützung der Systementwicklung, die auch die Entwicklung eines Datenmodells einschließt, nicht geeignet ist. Es handelt sich vielmehr um eine Klassifizierung von Integritätsregeln, einer Teilmenge der Systemregeln, deren Identität mit dem Geschäftsregelbegriff durch *ROSS* inzwischen verneint wird[201].

Signifikante Überschneidungen zwischen den Regelfamilien wurden zwar nicht festgestellt. Die mitunter sehr feine Unterscheidung der Regelklassen in über 40 Unterkategorien setzt jedoch profunde Kenntnisse über Aspekte der Datenmodellierung voraus, ist für Personal der Fachseite ohne entsprechende Unterweisung also nicht verständlich.

## 5.2.2 Das ECA-Klassifikationsschema nach *HERBST/KNOLMAYER*

Eine Klassifikationsmethode, die sich ebenfalls an einer der Datenbank-Theorie entstammenden Strukturierung orientiert, wurde 1995 von *HERBST/KNOLMAYER* vorgestellt[202]. Ausgangspunkt dieser Klassifikation ist das bereits im Zusammenhang mit aktiven Datenbanken beschriebene, und mit dem Akronym ECA bezeichnete Grundmuster, mit dem Geschäftsregeln in die drei Komponenten Ereignis, Bedingung und Aktion zerlegt werden können.

Wann eine Geschäftsregel geprüft oder ausgeführt wird, hängt demnach vom Eintritt eines bestimmten Ereignisses, z. B. der Reduktion eines Lagerbestandes ab. Mit der Bedingungskomponente wird spezifiziert, was zusätzlich zum Eintritt des Ereignisses überprüft werden soll, z. B. das Erreichen oder Unterschreiten einer kritischen Lagermenge. *HERBST/KNOLMAYER* betrachten die Bedingungskomponente als fakultativ, da auch die Ereigniskomponente einer Regel als Bedingung aufgefasst werden kann. Wie in Abhängigkeit vom Ergebnis der Prüfung reagiert werden soll, hier etwa durch Auslösen einer neuen Bestellung, bestimmt schließlich die Aktionskomponente[203]. Bei einigen Autoren wird die Erweiterung des ECA-

---

[199] Vgl. *ROSS* (1994), S. 7 f.
[200] Vgl. *ROSS* (1994), S. 5
[201] Vgl. *ROSS* (2007)
[202] Vgl. *HERBST/KNOLMAYER* (1995), S. 149 - 152
[203] Vgl. *HERBST/KNOLMAYER* (1995), S. 150

Schemas um die Komponente einer alternativen Aktion bei Nichterfüllung der Bedingung vorgeschlagen (ECAA-Schema)[204]. Die Klassifikation der Geschäftsregeln setzt nun bei den Unterschieden innerhalb dieser drei grundsätzlichen Komponentenarten an:

a) Die Klassifikation der Ereigniskomponente nach Ereignistypen erfolgt, auf übergeordneter Ebene, zunächst durch Unterscheidung zwischen komplexen und nicht weiter zerlegbaren bzw. „elementaren" Ereignissen. Letztere zeichnen sich dadurch aus, dass sie mehrere elementare Ereignisse miteinander verknüpfen, oder Operatoren auf elementare oder komplexe Ereignisse anwenden. Durch eine weitere Unterteilung ergeben sich die folgenden zehn Ereignistypen:

**Tab. 13:** Klassifizierung von Ereignistypen nach HERBST/KNOLMAYER[205]

| Ereignistypen | |
|---|---|
| **elementar** | **komplex** |
| *Datenbezogene Ereignisse*: Ausgelöst durch das Erfassen, Mutieren, Ableiten, Abfragen oder Löschen von Daten | *Disjunktionsereignis*: Tritt ein, wenn mindestens eines der beiden Ereignisse E1 oder E2 eingetreten ist („inklusives Oder") |
| *Zeitpunkt-Ereignisse*: Ausgelöst durch das Erreichen eines spezifizierten Zeitpunkts | *Konjunktionsereignis*: Tritt ein, wenn zwei Ereignisse E1 und E2 eingetreten sind |
| *Benutzer-Ereignisse*: Ausgelöst durch menschliche Benutzer oder Applikationen | *Auswahlereignis*: Tritt ein, wenn eine bestimmte Anzahl m von Ereignissen aus einer Liste {E1; E2; ...; En} eingetreten ist. |
| | *Sequenzereignis*: Tritt ein, wenn eine Liste von Ereignissen {E1; E2; ...; En} in der spezifizierten Reihenfolge eingetreten ist. |
| | *Intervallereignis*: Tritt ein, wenn ein bestimmtes Ereignis E innerhalb eines Intervalls, das durch zwei Ereignisse {E1; E2} begrenzt ist, eintritt. |
| | *Periodenereignis*: Tritt ein, wenn ein wiederkehrendes Ereignis oder eine zeitliche Konstellation (z. B. der Monatserste) zum n-ten Mal eintritt. |
| | *Verzögerungsereignis*: Tritt ein, wenn nach dem Auftreten eines Ereignisses E eine bestimmte Zeitdauer z abgelaufen ist. |

b) Auch bei der Klassifikation der Bedingungstypen unterscheiden HERBST/KNOLMAYER wieder zwischen elementaren und komplexen Bedingungen. Die elementaren Bedingungen

---

[204] Vgl. KOVACIC/GROZNIK (2004), S. 564
[205] Vgl. HERBST/KNOLMAYER (1995), S. 151

werden in Mengenbedingungen und Prädikate eingeteilt. Mengenbedingungen überprüfen dabei die Existenz von Datensätzen oder Werten eines Objektes innerhalb einer gegebenen Werteliste. Prädikate vergleichen Werte von Objekten, z. B. der Größe oder des Alters nach, mit anderen Objektwerten oder mit Konstanten. Komplexe Bedingungen entstehen schließlich durch Anwendung der Booleschen Operatoren UND und ODER auf andere elementare oder komplexe Bedingungen[206].

c) Letztlich werden auch Aktionstypen wieder danach unterschieden, ob sie elementar oder komplex sind, wobei elementare Aktionen aus einer einzigen, komplexe Aktionen aus mehreren auszuführenden Operationen bestehen. Aktionen einer Geschäftsregel können z. B. in der Berechnung von Werten bestehen. Sie können aber auch das auslösende Ereignis oder eines von mehreren auslösenden Ereignissen einer weiteren Geschäftsregel darstellen, wodurch eine Verkettung von Regeln ermöglicht wird.

Diese gegenseitige Abhängigkeit bzw. „Verzahnung" wird insbesondere durch Gegenüberstellung der elementaren Aktionen und Ereignisse ersichtlich:

**Tab. 14:** Die Verzahnung elementarer Aktions- und Ereignistypen[207]

| Vorgelagerte elementare Aktionstypen | Nachgelagerte elementare Ereignistypen |
|---|---|
| *Datenbezogene Aktionen:* Erfassung, Mutation, Ableitung, Abfrage oder Löschung von Daten | *Datenbezogene Ereignisse*: Ausgelöst durch die (abgeschlossene) Erfassung, Mutation, Ableitung, Abfrage oder Löschung von Daten |
| | *Zeitpunkt-Ereignisse*: Ausgelöst durch das Erreichen eines spezifizierten Zeitpunkts |
| *Meldungsaktionen:* Benachrichtigung eines Mitarbeiters | |
| *Benutzeraktionen:* Konkretes Tun oder Unterlassen in der realen Welt, außerhalb des Anwendungssystems | *Benutzer-Ereignisse*: Ausgelöst durch die (abgeschlossene) Aktivität eines menschlichen Benutzers oder einer Applikation |

Aus dieser Klassifikation lassen sich eine Reihe weiterer Auswertungs- und Kategorisierungsmöglichkeiten ableiten. Insbesondere können Geschäftsregeln mit Blick auf mögliche Schnittstellen danach unterschieden werden, ob alle Komponenten dieselben Unternehmensbereiche betreffen (Intra-Unternehmensbereichsregeln), oder ob innerhalb des Unternehmens auch unterschiedliche Bereiche und Informationssysteme (Inter-Unternehmensbereichsregeln) involviert sind. Auf ähnliche Weise lässt sich auch danach unterscheiden, ob sich einzelne Komponenten vollständig außerhalb jeglicher automatisierbaren Unterstützung bewegen[208].

Vergleicht man den vorliegenden Klassifikationsansatz mit dem von *Ross* vorgeschlagenen hinsichtlich seiner Vollständigkeit im Sinne *Endls*, ist zunächst festzustellen, dass auch prozessuale Abläufe adressiert werden. Ferner beziehen *Herbst/Knolmayer* konzeptionell ausdrücklich Regeln in die Betrachtung mit ein, die teilweise oder vollständig außerhalb des An-

---

[206] Vgl. *Herbst/Knolmayer* (1995), S. 152
[207] Vgl. *Herbst/Knolmayer* (1995), S. 152
[208] Vgl. *Herbst/Knolmayer* (1995), S. 154-156

wendungssystems realisiert werden müssen, blicken also erkennbar über den Tellerrand des Datenmodells hinaus.

Dennoch gehen sie, wie zuvor ROSS, von einem im Zeitpunkt des Geschäftsregelentwurfs gegebenen Datenmodell aus. Insbesondere die definierten Bedingungstypen entsprechen konzeptionell der von ROSS ausgearbeiteten Taxonomie, auch wenn sich einige seiner Regelfamilien (z. B. „Timing Controller") weder Mengenbedingungen noch Prädikaten eindeutig unterordnen lassen.

Im Gegensatz zu ROSS unterscheiden HERBST/KNOLMAYER nicht explizit zwischen Bedingungen und Integritätsbeschränkungen. HERBST macht jedoch an anderer Stelle deutlich, dass er Integritätsbeschränkungen als Unterfälle von Bedingungen interpretiert, deren Verletzung zwar aus semantischer Sicht einen Fehler darstellen, die sich syntaktisch aber nicht von den übrigen Bedingungen unterscheiden: Im Falle ihrer Verletzung haben sie Fehlermeldungen, Abbrüche oder Korrekturen des Datenbestandes, also eine oder mehrere zu spezifizierende Aktionen zur Konsequenz[209].

Regelarten, die sich nicht als Bedingung formulieren lassen, vermag das ECA-Klassifikationsschema aufgrund seiner strengen, formalen Struktur nicht anzubieten. Da es somit insbesondere die Semantik von Ontologien nicht abbilden kann, ist es im Sinne eines ganzheitlichen Business Rules-Ansatzes unvollständig.

Die beschriebenen Regelklassen des ECA-Schemas sind weitestgehend zueinander orthogonal. HERBST/KNOLMAYER weisen jedoch darauf hin, dass sich der Ereignistyp des Auswahlereignisses auch als Kombination von Disjunktions- und Konjunktionsereignissen darstellen ließe[210].

Hinsichtlich der Kriterien der Verständlichkeit und Ganzheitlichkeit kann aufgrund der konzeptionellen Nähe zur Klassifikation nach ROSS auf die Ausführungen zu dieser verwiesen werden.

## 5.2.3 Regelkategorien nach ODELL

Eine weitere, in der Literatur häufig zitierte[211] Klassifikationsmethode von Geschäftsregeln geht auf einen Beitrag von JAMES ODELL aus dem Jahr 1995 zurück, und wurde später von DATE erweitert. Gegenstand dieses Beitrags war die Spezifizierung von Regeln zum Zwecke des objektorientierten Systementwurfs.

Auf der obersten Klassifikationsebene werden Geschäftsregeln gemäß Abbildung 5 zum einen in Einschränkungen unterteilt, die Richtlinien und Bedingungen spezifizieren („Constraints"), und zum Anderen in Ableitungsregeln, mit denen aus gegebenen Fakten neue gewonnen werden („Derivations").

---

[209] Vgl. HERBST (1997), S. 56 f. und S. 61
[210] Vgl. HERBST/KNOLMAYER (1995), S. 151
[211] Vgl. z. B. DATE (2000), S. 25, VANTHIENEN, o. J., S. 4

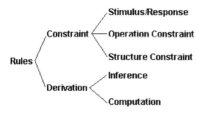

**Abb. 5:** Regelkategorien nach *ODELL*[212]

Die Gruppe der Einschränkungen umfasst auf der zweiten Ebene drei, die der Ableitungsregeln zwei Unterkategorien:

- Stimulus/Response-Regeln stellen Bedingungen dar, die die Abhängigkeit bestimmter Aktionen von bestimmten Ereignissen und ggf. zusätzlichen Bedingungen spezifizieren. Sie entsprechen damit strukturell dem bereits beschriebenen ECA-Schema. Das Einschränkende ihrer Wirkung besteht in der Steuerung systemseitigen Verhaltens[213].

- Veränderungsbeschränkungen („*Operation Constraint Rules*") drücken Einschränkungen aus, mit denen zulässige Übergänge zwischen zwei Zuständen desselben Objekts im Rahmen einer Objektoperation definiert werden. Dabei wird weiter zwischen Vor- und Nachbedingungen einer Operation unterschieden: Vorbedingungen formulieren Anforderungen an den Zustand vor der Operation, Nachbedingungen formulieren die korrekten Eigenschaften des Zustands nach der Operation.

  Bsp.:  *„Ein Mann und eine Frau dürfen nur heiraten (Zustandsveränderung), wenn weder der Mann noch die Frau bereits verheiratet sind (Vorbedingung). "*

  *„Die Scheidung eines Ehepaares ist korrekt vollzogen (Zustandsveränderung), wenn ein rechtskräftiges Scheidungsurteil vorliegt (Nachbedingung). "*

- Strukturelle Beschränkungen („*Structure Constraint*") definieren zulässige Zustände von Objektstrukturen, die nie verletzt werden dürfen. Die Zustandsbeschreibungen können Werte von einzelnen oder mehreren Objektattributen, die Population von Objekttypen oder Kardinalitäten von Objektbeziehungen betreffen.

  Bsp.:  *„Das Gehalt eines Abteilungsleiters muss größer sein als das eines Sachbearbeiters." (Werte der Objektattribute „Abteilungsleiter" und „Sachbearbeiter")*

  *„Die Anzahl der Feldspieler einer Fußballmannschaft darf nicht größer sein als zehn". (Population des Objekttyps „Feldspieler")*

  *„Ein Kunde darf nicht mehr als zehn Bestellungen aufgeben". (Kardinalität der Objektbeziehung „Kunde – Bestellung")*

- Inferenzregeln („*Inference*") sind Ableitungsregeln, die die bereits im Zusammenhang mit Expertensystemen erwähnten Inferenzmethoden der Aussagenlogik verwenden, um aus gegebenen Regeln und Fakten neue Fakten zu generieren.

---

[212] Vgl. ODELL (1995), S. 54
[213] Vgl. ODELL (1995), S. 54; anders hierzu DATE (2000), S. 27 f.: Stimulus/Response-Regeln sind keine Integritätsbeschränkungen im engeren Sinne, da sie nicht nur den Wahrheitswert zulassen.

Bsp.:    *„Wenn zwei Städte einen Flughafen haben, dann sind sie miteinander verbunden."*

- Berechnungsvorschriften (*„Computation"*) sind schließlich mit der ROSS'schen Regelfamilie der „Calculators" gleichzusetzen (siehe Kap. 5.2.1), führen also mathematische Berechnungen aus.

Bsp.:    *„Das Bruttoeinkommen entspricht der Summe aus Grundgehalt und Erschwerniszulagen"*

Intention dieser Kategorisierung waren Studien zur Vereinbarkeit regelbasierter Spezifikationen mit den Prinzipien des objektorientierten Paradigmas, insbesondere mit dem Prinzip des sog. *„Design by Contract"*. Mit diesem wird das Zusammenspiel von Methoden unterschiedlicher Objekte durch drei Arten von „Vertragsbedingungen" geregelt: Vorbedingungen („Preconditions") sind durch die aufrufende, Nachbedingungen („Postconditions") durch die aufgerufene Methode, und sog. Invarianten grundsätzlich durch beide zu gewährleisten. Während die beiden erstgenannten den o. g. Veränderungsbeschränkungen entsprechen, finden sich strukturelle Beschränkungen in den sog. Invarianten wieder. Die Umsetzung der Stimulus/Response-Regeln erfolgt hingegen oftmals durch Datenbanktrigger, d. h. außerhalb objektorientierter Anwendungen[214]. Ableitungsregeln können grundsätzlich als Methoden einer Objektklasse implementiert werden[215].

Vor diesem Hintergrund bezeichnet DATE die von ODELL vorgeschlagenen Regelkategorien als Applikations- und Datenbankregeln. Zur Vervollständigung des Klassifikationsschemas fügt er diesem die Klasse der Präsentationsregeln hinzu, die die Präsentation von Daten, insbesondere deren Erscheinungsform am Monitor bestimmen[216].

Von den Klassifikationen nach ROSS und HERBST/KNOLMAYER hebt sich die Kategorisierung nach ODELL vor allem dadurch ab, dass sie Ableitungsregeln als eigenständige Regelklasse definiert, und die Bedeutung von Inferenzregeln hervorhebt. Diese bauen auf einem Objektmodell auf, das die relevanten Begriffe und Fakten der realen Welt durch Objekte und Kardinalitäten repräsentiert[217]. Da die Beschreibung der realen Welt somit nicht durch Regeln erfolgt, bleibt auch diese Klassifikation im Sinne eines ganzheitlichen Business Rules-Ansatzes unvollständig.

Wie schon bei den anderen implementierungsnahen Klassifikationsmethoden sind Überschneidungen zwischen den Regelklassen nicht festzustellen.

ODELL geht zwar darauf ein, dass Regeln, für den Endnutzer verständlich, in natürlicher Sprache auszudrücken sind. Insbesondere die Unterscheidung in Vor- und Nachbedingungen sowie strukturelle Beschränkungen bzw. Invarianten ist jedoch eher den Prinzipien objektorientierter Systementwicklung geschuldet, als den Anforderungen der Fachseite.

Aber auch die von DATE vorgenommene, ergänzende Einteilung zielt vor allem darauf ab, Systemdesigner bei der Entscheidung zu unterstützen, ob eine Regel auf der Präsentationsebene, oder auf einer der darunterliegenden Datenbank- oder Applikationsebenen implemen-

---

[214] Vgl. VANTHIENEN (o. J.), S. 4
[215] Vgl. ODELL (1995), S 56
[216] Vgl. DATE (2000), S. 21-24
[217] Vgl. ODELL (1995), S. 54

tiert werden soll. Gerade in früheren Phasen der Systementwicklung spielen Präsentationsregeln jedoch keine Rolle, da deren Spezifikation ohne konkrete Kenntnisse über die darunterliegenden Systemebenen noch gar nicht möglich ist[218]. Damit ist zusammenfassend festzustellen, dass die Regelklassen des vorliegenden Klassifikationsschemas vor allem dazu vorgesehen sind, Systemdesigner bei der Definition von Daten-, und Programmstrukturen bzw. Methoden zu unterstützen.

## 5.3 Klassifikationsschemata nach dem Regelinhalt

### 5.3.1 Die Klassifikationen nach *VON HALLE* und der BRG

*SCHACHER/GRÄSSLE* betonen, dass der Identifikation von Geschäftsregeln die Präzisierung des im Unternehmen oder im fokussierten Unternehmensteil verwendeten Vokabulars vorauszugehen hat, um Klarheit über die Bedeutung der verwendeten Worte zu gewinnen[219]. Dieser sehr frühen Phase eines Projekts trägt *VON HALLE* mit einer Klassifikation von Geschäftsregeln Rechnung, die weniger stark auf unterschiedliche Arten der Modellierung und Implementierung, als vielmehr auf Differenzen im Zweck und im Wesen der Regelarten abstellt[220].

Auf der obersten Ebene unterteilt sie Geschäftsregeln dabei in Begriffe, Fakten und Regeln, nachfolgend als Regeln im engeren Sinn bezeichnet[221]:

- Begriffe können konkrete oder abstrakte Konzepte (z. B. *„Kunde"*, *„Fahrzeug"*, *„Transaktion"*), Werte (z. B. *„volljährig"*), oder Wertemengen (z. B. *„Mo, Di, Mi, Do, Fr"*) sein, oder, sofern es sich nicht um unmissverständliche Konstrukte handelt, diese definieren (z. B. *„Ein Artikel ist ein Produkt, das zum Verkauf angeboten wird"*). Begriffe stellen damit die kleinste gemeinsame Grundlage der übrigen Geschäftsregeln dar.

- Fakten definieren Beziehungen zwischen zwei oder mehreren Begriffen, wobei die Art der Beziehung durch ein Verb dargestellt wird.

  Bsp.:   *„Ein Kunde kann Bestellungen aufgeben"*

  *„Eine Bestellung erzeugt eine Rechnung"*

  *„Eine Rechnung enthält den Gesamtbetrag"*

- Regeln können ihrerseits in weitere fünf Gruppen unterteilt werden, die zum überwiegenden Teil bereits aus den implementierungsnahen Klassifikationsschemata bekannt sind (siehe Abb. 2): Berechnungsvorschriften und Inferenzregeln wurden im vorangegangenen Kapitel erörtert, aktionsauslösende Regeln sind mit der bei *ODELL* unter der Bezeichnung Stimulus/Response behandelten Kategorie identisch, und die Gruppe der Einschränkungen (*„Mandatory Constraints"*) entspricht den u. a. in Kapitel 5.2.1 erwähnten Integritätsbeschränkungen. Neuartig ist jedoch die fünfte Gruppe der sog. Richtlinien (*„Guidelines"*), die zwar grundsätzlich dieselben Prüfungen ausführen wie die Gruppe der Einschränkun-

[218] Vgl. *ENDL* (2004), S. 38
[219] Vgl. *SCHACHER/GRÄSSLE* (2006), S. 78
[220] Vgl. *VON HALLE* (2001), S. 32
[221] Vgl. *VON HALLE* (2001), S. 33-37

gen, im Gegensatz zu dieser aber nur zur Ausgabe einer Warnmeldung, nicht zur sofortigen Abweisung der Änderung führt.

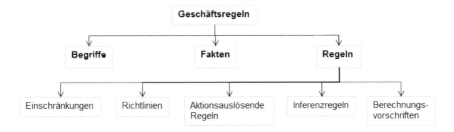

**Abb. 6:** Klassifikation von Geschäftsregeln nach *VON HALLE*

Der größte Unterschied zu den bereits vorgestellten Klassifikationsarten besteht darin, dass Begriffe und Fakten als eigenständige Regelklassen identifiziert wurden, um auf dieser Grundlage Regeln i. e. S. definieren zu können.

Bsp.: *„Ein Kunde kann Bestellungen aufgeben. "* (Fakt)

*„Wenn ein Kunde eine Bestellung aufgegeben hat, dann ist eine Bonitätsprüfung durchzuführen. "* (Auf Fakt basierende aktionsauslösende Regel)

Eine vergleichbare Klassifikation wurde bereits im Jahr 2000 durch die BRG veröffentlicht, bei der Begriffe und Fakten einerseits zur gemeinsamen Oberklasse der strukturbezogenen Aussagen zusammengefasst, und andererseits weiter untergliedert wurden[222]. Begriffe umfassen darin ausdrücklich nicht nur allgemeine Konzepte, sondern auch deren Instanzen, d. h. konkrete Ausprägungen (z. B. *„Bayern"* als Ausprägung des Konzepts *„Bundesland"*). Fakten werden, wie in Abbildung 6 dargestellt, in fünf Kategorien aufgeteilt:

- Attribute sind Fakten, mit denen Aspekte von Begriffen beschrieben werden (z. B. *„Farbe ist das Attribut eines Autos"*)

- Generalisierungen sind Fakten, die eine Menge als Teilmenge einer übergeordneten Menge beschreiben (z. B. *„Ein Filialleiter ist ein Angestellter"*).

- Partizipationen sind alle übrigen Fakten, die Beziehungen zwischen mehreren Begriffen zum Ausdruck bringen. Sie werden weiter unterteilt in drei Subtypen:

    1. Aggregationen drücken aus, dass sich eine Einheit aus einer Menge von Untereinheiten zusammensetzt (z. B. *„Ein Fuhrpark besteht aus Fahrzeugtypen"*).

    2. Rollen drücken aus, wie ein Konstrukt – also nicht zwingend eine Person - als Akteur fungiert (z. B. *„Eine Person kann als zusätzlicher Beifahrer zugelassen werden"*; *„eine Filiale darf als Halter eines Fahrzeugs fungieren"*)

    3. Assoziationen fassen alle übrigen Beziehungsarten zusammen.

---

[222] Vgl. BRG (2000), S. 9-33

Im Gegensatz zu Integritätsbedingungen drücken Fakten ihrem Wesen nach keine strikten Ge- oder Verbote, sondern grundsätzliche Möglichkeiten aus. Indem sie das Unternehmensvokabular strukturieren, schaffen sie für jene erst die Grundlage[223].

Bsp.:  *„Ein Kfz kann ein Nummernschild haben".* (Fakt bzw. grundsätzliche Möglichkeit)

*„Ein Kfz muss ein Nummernschild haben".* (Integritätsbeschränkung, basierend auf der grundsätzlichen Möglichkeit)

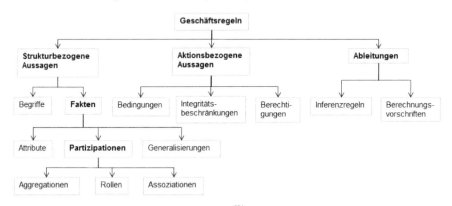

**Abb. 7:** Klassifikation von Geschäftsregeln nach der BRG[224]

Ein weiterer Unterschied zur Klassifikation nach *VON HALLE* besteht darin, dass die BRG, wie *HERBST/KNOLMAYER*, Bedingungen und Integritätsbeschränkungen einer gemeinsamen Oberklasse aktionsbezogener Aussagen zuordnet, dieser jedoch mit der Regelklasse der Berechtigungen eine weitere Kategorie hinzufügt. Berechtigungen definieren Privilegien für eigenständig handlungsfähige Konstrukte, und stehen im selben Verhältnis zu Rollen wie Fakten zu Integritätsbeschränkungen.

Bsp.: ·  *„Ein Manager darf Kontrakte über 10.000 Euro unterschreiben"* (Rolle)

*„(Nur) ein Manager darf Kontrakte über 10.000 Euro unterschreiben".* (Berechtigung)

Richtlinien stellen bei der BRG keine eigenständige Regelkategorie dar. Es wird vielmehr vorgeschlagen, die Gruppe der aktionsbezogenen Aussagen weiter danach zu unterscheiden, ob Aktionen erzwungen oder nur vorgeschlagen werden[225].

Schon mit Blick auf den bloßen Umfang der o. g. Klassifikationen lässt sich feststellen, dass diese einen differenzierteren Blick auf die vielfältigen Gegebenheiten und Anforderungen der Fachseite zulassen, als dies bei den implementierungsnahen Klassifikationsschemata der Fall war. Insbesondere erlauben Begriffe und Fakten die Beschreibung von Ontologien innerhalb des Business Rules-Ansatzes.

---

[223] Vgl. BRG (2000), S. 26
[224] Vgl. BRG (2000), S. A.3
[225] Vgl. BRG (2000), S. 29

Dennoch lässt sich die Frage nach der Vollständigkeit nicht abschließend beantworten. ENDL führt etwa aus, dass das Schema nach VON HALLE auf der obersten Ebene um eine Klasse sog. „Prozessregeln" zu ergänzen sei, die die korrekte Abwicklung von Geschäftsprozessen, etwa durch WfMS, aber auch über die Grenzen des Informationssystems hinweg reglementierten[226]. Fraglich ist jedoch, inwiefern Prozess- und Aktionsregeln zueinander orthogonal wären, da beide zur Beschreibung ereignisgesteuerter Abläufe konzipiert sind.

Im Unklaren bleibt auch die Unterscheidung zwischen Begriffsdefinitionen als Teil der Ontologie auf der einen, und Ableitungsregeln auf der anderen Seite. VON HALLE führt etwa folgendes Beispiel für eine Inferenzregel an[227]:

*„Wenn ein Kunde keine offenen Rechnungen hat, dann ist dieser Kunde von bevorzugtem Status"*

Dieselbe Formulierung könnte auch gewählt werden, um den Begriff des „Kunden von bevorzugtem Status" zu definieren.

Schließlich ist anzumerken, dass einige Regelklassen zwar aus fachlicher, nicht jedoch aus technisch-formaler Sicht orthogonal zueinander stehen. So ließen sich etwa Richtlinien und aktionsauslösende Regeln im Sinne VON HALLES gleichermaßen mit Hilfe des ECA-Schemas spezifizieren und implementieren.

Aufgrund ihrer stärkeren Orientierung an realen Gegebenheiten sind die o. g. Klassifikationsschemata für Fachpersonal zweifellos leichter verständlich als die implementierungsnahen. Modellierer und Systementwickler müssen jedoch, sofern dies nicht automatisiert geschieht, die durch Regeln beschriebenen Ontologien in geeignete Daten- und Prozessmodelle transferieren bzw. in bereits bestehende integrieren. Insofern hängt die Ganzheitlichkeit der Schemata entscheidend davon ab, inwiefern sich diese mit gängigen Modellierungs- und Implementierungsmethoden in Einklang bringen lassen.

## 5.3.2 Klassifikationen nach dem Meta-Modell der SBVR

Mit den SBVR präsentierte die OMG Anfang 2008 eine Reihe aufeinander abgestimmter Meta-Modelle zur regelbasierten Entwicklung von Informationssystemen, die weit über die bloße Klassifikation von Geschäftsregeln hinausgehen. Ontologien und darauf aufbauende Regelwerke werden darin - auf einer Ebene mit Organisationsstrukturen und Prozessen - als eigenständige Bestandteile der Unternehmensmodellierung verstanden. Sie werden in einen weiten Bezugsrahmen eingeordnet, um Implementierungsunabhängig dokumentiert und organisationsübergreifend zueinander in Beziehung gesetzt werden zu können[228].

Wie bereits in Kapitel 4.3.1 erwähnt, unterscheiden die SBVR strikt zwischen abstrakten Bedeutungen („meaning") auf der einen Seite, und ihrer Repräsentation durch natürliche Sprache oder formale Notation („expression") auf der anderen. Ausgangspunkt für die Beschreibung von Bedeutungen bildet eine sog. semantische Gemeinschaft („semantic community"), deren Mitglieder ihr Verständnis über einen bestimmten Ausschnitt der realen Welt teilen. Dieses gemeinsame Verständnis manifestiert sich in einer Menge geteilter Bedeutungen („body of

---

[226] Vgl. ENDL (2004), S. 41
[227] Vgl. VON HALLE (2001), S. 37
[228] Vgl. SBVR (2008), S. 15

shared meanings")[229]. Innerhalb dieser Menge geteilter Bedeutungen unterscheiden die SBVR - neben der hier nicht näher betrachteten Kategorie der Fragen - zwischen Konzepten und Aussagen[230]:

Konzepte stellen Wissenseinheiten dar, die sich in Bedeutungen von Begriffen („noun concepts") und möglichen Beziehungsarten zwischen diesen Begriffen, sog. Fakttypen, unterteilen lassen. Begriffliche Konzepte werden weiter unterteilt in (individuelle) Objekte (z. B. „Bayern") und Objekttypen, die eine Menge von Objekten aufgrund bestimmter gemeinsamer Eigenschaften zusammenfassen (z. B. „Bundesland").

Während Fakttypen lediglich mögliche Aussagen über einen oder mehrere Objekttypen darstellen, sind Fakten konkrete, auf Fakttypen basierende und grundsätzlich überprüfbare Aussagen, von denen jedoch angenommen wird, dass sie der Wahrheit entsprechen[231].

Bsp.:        „Bestellung gehört zu Kunde" (Fakttyp)

              „Bestellung Nr. 73629 gehört zu Herrn Becker" (Fakt)

Geschäftsregeln werden als „Fakten höheren Grades" ebenfalls der Kategorie der Aussagen zugerechnet[232], und nach der Art und Weise, in der sie einschränkende Wirkung entfalten, in zwei Klassen unterteilt[233]:

- Strukturelle oder definitorische Regeln drücken Notwendigkeiten aus, indem sie bestimmende Merkmale von Konzepten, z. B. durch formale Definitionen oder Rechenregeln, verbindlich festlegen. Sie umfassen damit dem Grunde nach die bereits vorgestellten Regelkategorien der Inferenzregeln und Berechnungsvorschriften. Im Gegensatz zur zweiten Klasse der operativen Regeln können sie nicht verletzt werden. Im Gegensatz zu Fakten sind strukturelle Regeln generelle Aussagen über Wahrheiten, indem sie alle Instanzen eines Konzepts betreffen[234].

- Operative Regeln drücken Pflichten oder Verhaltensbeschränkungen aus, die unter bestimmten Umständen einzuhalten sind. Im Gegensatz zu strukturellen Regeln können sie verletzt werden, und infolgedessen eine spezifizierte Reaktion auslösen. Sie sind daher deckungsgleich mit den u. a. aus der Klassifikation der BRG bekannten Regelkategorien aktionsauslösender Aussagen[235].

  Operative Regeln werden, wie bereits von der BRG vorgeschlagen, weiter kategorisiert nach dem Bestimmtheitsgrad ihrer Durchsetzung („enforcement level"): Das Spektrum reicht hier über mehrere Stufen von sofortiger über zeitversetzter und bedingter Umsetzung bis hin zur Abgabe bloßer Empfehlungen.

Regeln sind nach den SBVR folglich Aussagen, die Notwendigkeiten oder Verhaltensbeschränkungen einfordern. Das genaue Gegenteil der Regel ist schließlich die Empfehlung („advice"), eine Aussage, die eine Möglichkeit oder Erlaubnis, mithin das Bestehen eines be-

---

[229] Vgl. SBVR (2008), S. 130-132
[230] Vgl. SBVR (2008), S. 19-21
[231] Vgl. SBVR (2008), S. 25
[232] Vgl. SBVR (2008), S. 86
[233] Vgl. SBVR (2008), S. 222
[234] Vgl. SBVR (2008), S. 175
[235] Vgl. WITT (2011), S. 13

stimmten Freiheitsgrades feststellt[236]. Möglichkeit bzw. Erlaubnis sind äquivalent zur Negation einer Notwendigkeit bzw. einer Pflicht oder eines Verbots[237]. Regeln und Empfehlungen werden gemeinsam den betrieblichen Steuerungselementen („element of guidance") zugerechnet.

Die SBVR legen einen engeren Regelbegriff zugrunde, als dies insbesondere in den Klassifikationsschemata im vorangegangenen Kapitel der Fall war: Indem sie (Geschäfts-)Regeln von der diesen zugrundeliegenden Ontologie strikt unterscheiden, und in separate Meta-Modelle einordnen, erlauben sie eine getrennte Behandlung bzw. systemseitige Unterstützung. Die weitere Unterteilung in nur zwei Regelkategorien ist zwar vergleichsweise grob. Da sich jedoch alle Regelkategorien der im vorangegangenen Kapitel vorgestellten Klassifikationen entweder in eine dieser beiden Kategorien, oder aber in die der Konzepte einordnen lassen, sind sie gleichsam vollständig im Sinne *ENDLS*.

Die beiden Geschäftsregelkategorien sind aufgrund ihrer Trennung nach Notwendigkeiten und Verhaltensbeschränkungen grundsätzlich voneinander zu unterscheiden, folglich zueinander orthogonal. Dennoch weist *KÖHLER* mit Blick auf ein in den SBVR mehrfach verwendetes Beispiel darauf hin, dass sich bestimmte Anforderungen gleichermaßen als Pflicht oder Notwendigkeit formulieren lassen, die Unterscheidung also im Ermessen des Betrachters liegt[238]:

*„It is necessary that the rental charge of each rental is calculated in the business currency of the rental".* (Beispiel für eine strukturelle Regel in den SBVR[239])

*„It is obligatory that the rental charge of a rental is calculated in the business currency of the rental".* (Beispiel für eine operative Regel in den SBVR[240])

Eine gemeinsame Schnittmenge ergibt sich ferner zwischen definitorischen Geschäftsregeln und Definitionen von Konzepten, die zur Repräsentation von Konzepten im Unternehmensvokabular verwendet werden[241]. Beide erfüllen denselben Zweck, nämlich Konzepte eindeutig ein- und von anderen Konzepten abzugrenzen. Die SBVR führen hierzu aus, dass eine strukturelle Regel dazu verwendet werden könne, ein tieferes Verständnis für ein Konzept herzustellen, dessen Definition aber nicht widersprechen dürfe. Letztlich läge es jedoch wiederum im Ermessen des Anwenders in der Praxis, Definitionen eher im Unternehmensvokabular oder im Bereich der Geschäftsregeln anzusiedeln:

*„Where highly precise, rigorously complete definitions are given there is less need for structural rules because such rules would appear redundant. Where definitions are missing or unclear, or largely descriptive or informal, structural rules are important to sharing a common understanding of concepts.[242] "*

Mit Blick auf das Kriterium der Verständlichkeit bleibt des Weiteren festzustellen, dass das von den SBVR vorgeschlagene Gesamtkonzept aufgrund seines Umfanges, Komplexitäts-

---

[236] Vgl. SBVR (2008), S. 157
[237] Vgl. SBVR (2008), S. 165
[238] Vgl. *KÖHLER* (2011), S. 8
[239] Vgl. SBVR (2008), S. 324
[240] Vgl. SBVR (2008), S. 270
[241] Vgl. SBVR (2008), S. 28
[242] Vgl. SBVR (2008), S. 176

und Abstraktionsgrades nicht ohne Vorkenntnisse bzw. intuitiv zu erfassen und in die Praxis umzusetzen ist[243].

Großen Wert legen die SBVR schließlich auf die Ganzheitlichkeit des zugrundeliegenden Entwicklungskonzeptes: Die Einordnung von Unternehmensvokabular und Geschäftsregeln in übergeordnete fachliche Konzepte wie semantische Gemeinschaft, Menge geteilter Bedeutungen, „Business Policy" und Führungsinstrumente offenbaren eine vorrangige Orientierung an fachlichen Erfordernissen. Grundsätzlich wird zwar die Unabhängigkeit der SBVR von bestimmten Notationen und Entwicklungsmethoden konstatiert. Zugleich wird aber auch die Anschlussfähigkeit an verschiedene Modellierungs- und Implementierungsstandards betont: Erstens werden verschiedene, SBVR-kompatible Notationsformen, z. B. „SBVR Structured English" oder RuleSpeak, präsentiert. Zweitens wird die Kompatibilität mit dem Austauschformat XMI, und damit die Übertragbarkeit SBVR-basierter Modelle zwischen verschiedenen Organisationen und Software-Entwicklungswerkzeugen betont[244]. Drittens wird darauf hingewiesen, dass SBVR-basierte Modelle im Rahmen des MDA-Ansatzes auf der Ebene der Unternehmensmodellierung anzusiedeln und grundsätzlich geeignet sind, durch Transformationsmechanismen in darunterliegende, plattformunabhängige und plattformspezifische Modelle übertragen werden zu können[245].

## 5.4 Methodenspektrum der analysierten Artikel

Mit Blick auf die Gesamtheit aller ausgewerteten Artikel ist zunächst festzustellen, dass nur in 26 Artikeln auf ein bestimmtes Klassifikationsschema Bezug genommen wurde. Dabei wurde sich nur in 12 Fällen auf eines der im vorangegangenen Kapitel vorgestellten Schemata bezogen: In vier Fällen wurde das Klassifikationsschema der SBVR, in jeweils drei Fällen das von *HERBST/KNOLMAYER* und der BRG, und in zwei Fällen das von *ODELL* vorgeschlagene verwendet. Darüber hinaus existiert eine Vielzahl weiterer Schemata, die sich jedoch häufig an den spezifischen Erkenntnisinteressen der jeweiligen Autoren orientieren. *KOVACIC/GROZNIK* untersuchen etwa die strategische Relevanz von Geschäftsregeln bei der strategischen Neuausrichtung von Unternehmen („Business Renovation"). Dementsprechend werden Geschäftsregeln in Anlehnung an die Hierarchie der unternehmerischen Ziele klassifiziert, die sie unterstützen[246].

Mit Blick auf die Gesamtheit aller betrachteten Artikel ist somit zusammenfassend festzustellen, dass sich bislang noch kein Klassifikationsschema als allgemein anerkannter Standard etablieren konnte. Immerhin nahmen vier der insgesamt sieben Beiträge, die ein Klassifikationsschema verwenden und im Jahr 2008 oder später erschienen sind, Bezug auf die von den SBVR vorgeschlagene Klassifizierung. Damit lässt sich, unter dem Vorbehalt des eher geringen Aussagegehaltes dieser sehr kleinen Stichprobe, ein allmählicher Trend zur Adaption der SBVR diagnostizieren.

Betrachtet man lediglich diejenigen Beiträge, die die Klassifikation von Geschäftsregeln als eines ihrer Schwerpunktthemen adressieren, kann ebenfalls zwischen zwei Gruppen unter-

---

[243] Vgl. *WITT (2011)*, S. 56
[244] Vgl. SBVR (2008), S. 15
[245] Vgl. SBVR (2008), S. 219
[246] Vgl. *KOVACIC/GROZNIK* (2004), S. 563

schieden werden. Zur ersten Gruppe gehören mit *HERBST/KNOLMAYER*, *ODELL* und der BRG die bereits ausführlich vorgestellten Beiträge, die die Klassifikation von Geschäftsregeln als originäres Erkenntnisinteresse adressieren.

Daneben wurde eine Reihe weiterer Artikel identifiziert, in denen die Definition von Regelklassen den Ausgangspunkt für weiterführende Forschungen bildet. *GOEDERTIER/HAESEN/ VANTHIENEN* nehmen etwa eine weitere Differenzierung struktureller und operativer Geschäftsregeln in 16 Unterarten vor, um deren Einbindung in regelbasierte Methoden der Prozessmodellierung zu untersuchen[247]. *BOLEY/PASCHKE/SHAFIQ* differenzieren zwischen Inferenz- und Reaktionsregeln, die sie jeweils weiter unterteilen, um die Ausdrucksmächtigkeit der Regelbeschreibungssprache RuleML daran aufzuzeigen[248].

In methodischer Hinsicht ist die überwiegende Mehrzahl der identifizierten Beiträge als semiformale deduktive Analyse zu qualifizieren. Der semiformale Charakter beruht dabei auf der strukturierten Untergliederung des Erkenntnisgegenstandes „Geschäftsregel" im Sinne einer Aggregationsbeziehung, und findet zumeist Eingang in ein entsprechendes Metamodell. Daneben gewähren *STEINKE/NICKOLETTE* im Rahmen ihres Reviews einen Überblick über einige der in der Literatur vertretenen Klassifikationsansätze[249].

---

[247] Vgl. *GOEDERTIER/HAESEN/VANTHIENEN* (2008), S. 198-201
[248] Vgl. *BOLEY/PASCHKE/SHAFIQ* (2010), S. 164
[249] Vgl. *STEINKE/NICKOLETTE* (2003) S. 53-56

# 6 Die Modellierung von Geschäftsregeln

## 6.1 Klassifikationen von Modellierungsmethoden

Während die Klassifikation von Geschäftsregeln darauf abzielt, diese anhand ihrer Bedeutung zu kategorisieren, wird nunmehr die Frage nach der Art ihrer Repräsentation adressiert. *HERBST* et al. machten bereits 1994 in einem direkten Vergleich zwischen zehn gängigen Methoden der Daten-, Prozess- und Objektmodellierung deutlich, dass alle diese Methoden zumindest implizit auch die Modellierung einer bestimmten Teilmenge der relevanten Geschäftsregeln unterstützen. Die in Methoden der Datenmodellierung verwendeten Kardinalitäten drücken z. B. Integritätsbeschränkungen, Kontrollflüsse in Geschäftsprozessmodellen aktivitätsauslösende Regeln aus[250]. Wie bereits in Kapitel 4.3.3.3 dargestellt, besteht ein Hauptanliegen des Business Rules-Ansatzes jedoch gerade in der Explizierung der Geschäftsregeln. Nachfolgend werden daher nur solche Modellierungsansätze betrachtet, die dieses Postulat auch ausdrücklich adressieren. Dabei wird nach drei Kriterien unterschieden:

Als obersten Grundsatz des Business Rules-Ansatzes formuliert das BRM mit Artikel 1 die Forderung, Geschäftsregeln als „Element erster Klasse der Anforderungswelt", und damit als essentiellen und eigenständigen Teil der Unternehmensmodellierung zu betrachten[251]. Einige frühe Ansätze fokussierten zunächst eine regelbasierte Modellierung von Geschäftsprozessen[252].

Erst später wurden, nicht zuletzt im Rahmen der SBVR, zunehmend Modellierungsmethoden vorgestellt, die eine von den verbreiteten Sichten der Unternehmensmodellierung - etwa von der Daten- oder Prozesssicht – unabhängige Modellierung von Geschäftsregeln verfolgten. Im Gegensatz hierzu betonen andere Autoren den Umstand, dass in vielen Unternehmen bereits Unternehmensmodelle existieren[253], und diskutieren Ansätze zur expliziten Repräsentation von Geschäftsregeln im Rahmen verbreiteter Modellierungsmethoden. Dementsprechend wird nachfolgend zwischen unabhängigen und integrierten Ansätzen zur Geschäftsregelmodellierung unterschieden.

Zweitens können, nach der Art der zugrundeliegenden Notationsform, verbale, tabellarische und grafische Modellierungssprachen unterschieden werden.

Drittens ist schließlich nach dem Formalisierungsgrad der Notationsform zu differenzieren. Das Kontinuum der Formalisierungsgrade reicht dabei von gänzlich unstrukturierten, umgangssprachlichen Umschreibungen von Geschäftsregeln bis hin zu ausführbarem Programmcode, und entspricht zugleich einem zu durchlaufenden Entwicklungsprozess.

---

[250] Vgl. *SELLNER/PASCHKE/ZINSER* (2010), S. 66

[251] Vgl. BRM (2003)

[252] Vgl. *KNOLMAYER/ENDL/PFAHRER* (2000), S. 16

[253] Vgl. *CHENG/SADIQ/INDULSKA* (2011), S. 14

Abbildung 8 zeigt in Anlehnung an *VON HALLE* einen möglichen Transformationsprozess in drei Schritten:

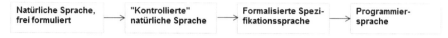

**Abb. 8:** Formalisierungsgrade von Aussagen in Anlehnung an *VON HALLE*[254]

Ein Anliegen des in Kapitel 4.3 skizzierten, ganzheitlichen Business Rules-Ansatzes zielt bekanntlich darauf ab, natürlichsprachliche Formulierungen dergestalt zu strukturieren, dass sie in einem einzigen weiteren Transformationsschritt automatisiert in Programmcode übersetzt werden können (sog. *„Kontrollierte Sprachen"*[255]). Gegenstand der nachfolgenden Betrachtung sind nur solche formale oder semiformale Modellierungssprachen, die sich an natürlicher Sprache orientieren, und für eine maschinelle Interpretation hinreichend strukturiert sind.

Schließlich werden auch keine Sprachen betrachtet, die nur zur Beschreibung des Unternehmensvokabulars verwendet werden, es wird also der enge Regelbegriff der SBVR zugrunde gelegt.

Die in der Literatur vertretenen Anforderungen an Geschäftsregeln wurden bereits in Kapitel 4.3.3 erörtert. Ein Großteil der an einzelne Geschäftsregeln, aber auch an deren Umsetzung gestellten Anforderungen ist durch die jeweilige Modellierungssprache zu gewährleisten: Sie soll die Darstellung von Geschäftsregeln in verständlicher, unzweideutiger, atomarer und deklarativer Form gewährleisten, und ihre Transformation in den Programmcode der Zielsprache (z. B. in Java) unterstützen. Vom jeweiligen Zielsystem der Implementierung, z. B. einer Datenbank- oder Host-Applikation, soll sie dabei unabhängig sein[256]. Eine weitere Anforderung wird unmittelbar an die Modellierungssprache gerichtet: Sie soll mächtig genug sein, um für alle identifizierten Regelklassen geeignete Sprachkonstrukte zur Verfügung zu stellen[257].

## 6.2 Unabhängige Ansätze der Geschäftsregelmodellierung

### 6.2.1 Grafische Modellierungsmethoden

In Kapitel 5.2.1 wurde bereits die 1994 von *ROSS* präsentierte, an das periodische System angelehnte Klassifikation von Regelfamilien und –typen vorgestellt. In Anlehnung an diese Klassifikation wurde unter dem Namen „*ROSS*-Methode" zugleich eine der wenigen unabhängigen Ansätze zur grafischen Modellierung, sowie die *WITT* zufolge erste Methode zur unabhängigen Modellierung von Geschäftsregeln überhaupt vorgeschlagen[258].

*ROSS* erachtete Spezifikationen in natürlicher Sprache seinerzeit noch als zu wenig exakt und unzweidutig, um eine automatisierte Übersetzung in ausführbaren Programmcode zu ermöglichen. Er zielte daher auf die Bereitstellung eines umfassenden Instrumentariums zur grafischen Darstellung aller von ihm identifizierten Regeltypen, jeweils in ihren beiden möglichen

[254] Vgl. *VON HALLE* (2002), S. 38
[255] Vgl. *LEZOCHE/MISSIKOFF/TININI* (2008), S. 5
[256] Vgl. *ENDL* (2004), S. 44, *MORGAN* (2002), S. 24
[257] Vgl. BRG (2000), S. 7; *ENDL* (2004), S. 44
[258] Vgl. *WITT* (2011), S. 41

Verwendungen als Bedingung oder Integritätsbeschränkung. Zu diesem Zweck legte er einen mehr als 500 Beispiele zählenden Katalog konkreter Modellierungsvorlagen vor[259].

Die *ROSS*-Methode kann als Methode zur Datenmodellierung, ergänzt um zusätzliche Modellbausteine zur Darstellung von Geschäftsregeln interpretiert werden[260]. *ROSS* stellt Geschäftsregeln in seinen Modellen als gerichtete Graphen – ein Pfeil mit gestrichelter Linie - zwischen eingeschränkten und einschränkenden Objekten dar. Beschriftung und äußere Form eines grafischen Symbols in der Mitte dieser Linie geben Aufschluss über Regeltyp und Verwendungsart. Daneben steht eine Vielzahl von „Aktivierern" und „Qualifizierern" zur Auswahl, kreisrunde Symbole, die entweder den Zeitpunkt der Aktivierung einer Regel in Abhängigkeit von bestimmten Datenbankoperationen oder sonstige Eigenschaften der Geschäftsregel ausdrücken[261]. Eingeschränkte oder einschränkende Objekte können Datenobjekte, deren Attribute oder verschiedene Beziehungstypen zwischen Datenobjekten sein. Diese Beziehungstypen werden ihrerseits mit durchgezogenen Linien dargestellt, und repräsentieren - je nach Art der Linie - bestimmte Kardinalitäten oder hierarchische Beziehungen, also einen Ausschnitt des Datenmodells[262]. Einzelne Geschäftsregeln können dem Baukastenprinzip entsprechend miteinander verbunden werden, indem eine Geschäftsregel in ihrer Konklusion auf eine weitere Geschäftsregel verweist. Aus Gründen der Übersichtlichkeit sei die grafische Darstellung nach *ROSS* jedoch auf wenige direkt miteinander verknüpfte Regeln zu beschränken[263].

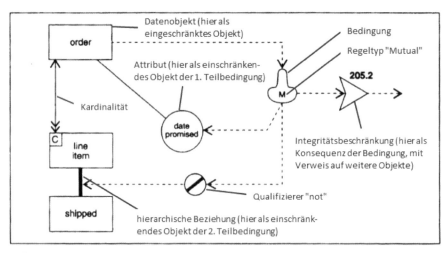

"**If an order has been given a date-promised, and has no line item shipped, then ...**"

**Abb. 9:** Erläutertes Modell einer Geschäftsregel in Anlehnung an *ROSS*[264]

[259] Vgl. *ROSS* (1994), S. 4 f.
[260] Vgl. *STEINKE/NICKOLETTE* (2003), S. 55
[261] Vgl. Ross (1994), S. 27
[262] Vgl. Ross (1994), S. 489 - 492
[263] Vgl. Ross (1994), S. 31
[264] Vgl. *ROSS* (1994), S. 151

Ross empfiehlt zwar die Implementierung der Geschäftsregeln in Form von Triggern in einem DBMS[265]. Auf konkrete Möglichkeiten einer maschinellen Transformation der grafischen Modellierungssprache in ausführbaren Code wird jedoch nicht eingegangen.

Auch in der wissenschaftlichen Literatur finden sich kaum dedizierte Auseinandersetzungen mit der *ROSS*-Methode. Die ebenfalls geringe Resonanz in der Praxis führt *WITT* auf ihren hohen Komplexitätsgrad zurück[266], der vor allem durch über 30 verschiedene Modellbausteine und über 40 zu unterscheidende Regeltypen, dargestellt in über 500 Referenzmodellen bedingt ist. Auf das Fehlen prozesssteuernder Regeln wurde bereits in Kapitel 5.2.1 eingegangen.

Eine weitere grafische Modellierungsmethode stellen Entscheidungsbäume dar, die aufgrund ihrer konzeptionellen Nähe zu Entscheidungstabellen erst in Kapitel 6.2.3 besprochen werden. Zusammenfassend lässt sich jedoch bereits feststellen, dass der Fokus der wissenschaftlichen Literatur zur unabhängigen Modellierung von Geschäftsregeln weniger auf grafischen, als vielmehr auf den nachfolgend beschriebenen, verbalen Modellierungssprachen liegt. *BAJEC/KRISPER* sehen die Notwendigkeit einer grafischen Modellierung von Geschäftsregeln etwa nur zur Komplexitätsreduktion in besonderen Fällen als gegeben, da im Regelfall auf andere Repräsentationsformen zurückgegriffen werden kann[267].

## 6.2.2 Sprachlich-semantische Modellierungsmethoden

### 6.2.2.1 Die ECAA-Notation

In Kapitel 5.2.2 wurde bereits ein Klassifikationsschema von Geschäftsregeln vorgestellt, das sich am inneren Aufbau von Triggermechanismen in aktiven DBMS orientiert. Durch die bereits beschriebenen Möglichkeiten der Verkettung aktionsauslösender Geschäftsregeln können diese zur Modellierung von Geschäftsprozessen verwendet werden[268]. Die u. a. bei *DAYAL*[269] vorgeschlagene Notation der Komponenten Ereignis, Bedingung und Aktion ist nach *HERBST* et al. hierfür sogar besser geeignet als gängige Methoden der Funktions- und Datenmodellierung: Im Gegensatz zu grafischen Modellierungsmethoden wie Petri-Netzen oder EPK werden die den Prozess steuernden Bestandteile der Geschäftsregeln einzeln und in natürlicher Sprache explizit formuliert[270].

| ON | E vent | | ON | Kunde erteilt Auftrag |
|---|---|---|---|---|
| IF | C ondition | | IF | neuer Kunde |
| Then DO | A ction | | Then DO | Kundendaten erfassen |
| Else DO | A lternative Action | | Else DO | Kundendaten anzeigen |

**Abb. 10:** ECAA-Notation mit Beispiel in Anlehnung an *ENDL*[271]

---

[265] Vgl. *ROSS* (1994), S. 42

[266] Vgl. *WITT (2011)*, S. 41

[267] Vgl. *BAJEC/KRISPER* (2005), S. 434

[268] Vgl. *KNOLMAYER/ENDL/PFAHRER* (2000), S. 16

[269] Vgl. *DAYAL* (1988), S. 151 f.

[270] Vgl. *HERBST* et al. (1994), S. 29 f. und S. 44, *KNOLMAYER/ENDL/PFAHRER* (2000), S. 16

[271] Vgl. *ENDL* (2004), S. 77

Um eine Verkettung von Regeln herstellen zu können, sind lediglich die Ereignis- und Aktionskomponente zwingend erforderlich. Das ECAA-Schema lässt demnach auch die Notation von ECA- und EA-Regeln zu[272]. Grundsätzlich besteht auch die Möglichkeit, innerhalb einer ECAA-Notation mehr als eine Bedingung oder mehr als zwei Aktionen zu spezifizieren, Geschäftsregeln also in der Form $EC^mA^n$ darzustellen. Zur besseren Lesbarkeit wird jedoch empfohlen, $EC^mA^n$ – Regeln in eine Folge mehrerer ECAA-, ECA- und EA-Regeln aufzubrechen[273].

Das einen Prozess initiierende Ereignis wird als „prozessauslösend" oder „-extern", jedes weitere als „Transitionsereignis" bezeichnet[274]. Ereignisse stellen Zustandsübergange zwischen zwei aus fachlich-prozessualer Sicht relevanten Zuständen dar. Sie sind zwar – wie die Bedingungskomponente – notwendige Bedingung für die Ausführung der Aktionskomponente. Im Gegensatz zu den Bedingungs- und Aktionskomponenten sind Ereignisse jedoch nicht zeitkonsumierend, da sie keine Aktivität eines involvierten Akteurs repräsentieren[275]. Eine Bedingung ist aus prozessualer Sicht eine Aktivität, die in der Prüfung der Antezedensklausel besteht, und einen Boole'schen Wahrheitswert liefert. Von einer Aktion unterscheidet sie sich in der Art des Datenzugriffs: Sie darf nur lesend auf Informationseinheiten zugreifen, jedoch keine Anwendungsdaten erzeugen, löschen oder mutieren[276]. *HERBST* et al. und *ENDL* betrachten die getrennte Betrachtung der drei Komponenten als konstitutives Merkmal regelbasierter Geschäftsprozessmodellierung, und unterscheidet den vorgeschlagenen Ansatz u. a. von EPK[277].

Durch die Verkettung der Geschäftsregeln lässt sich der Kontrollfluss eines Geschäftsprozesses, bestehend aus den vier sachlich-logischen Ablaufformen Sequenz, Selektion, Iteration und Parallelität wie folgt darstellen:

- Eine *Sequenz* wird durch die einfache Verknüpfung eines Ereignisses mit einer auslösenden Aktion erzielt.

- Unter einer *Selektion* wird ausschließlich die exklusive Verzweigung des Kontrollflusses verstanden. Ein solcher „XOR-Split" ergibt sich durch die Verknüpfung unterschiedlicher Ereignisse mit der Aktions- und der alternativen Aktionskomponente der vorangegangenen Geschäftsregel. Die Zusammenführung der alternativen Abläufe erfolgt im weiteren Prozessverlauf durch Verweis auf dasselbe Ereignis, oder durch Modellierung eines (komplexen) Disjunktionsereignisses.

Eine inklusive Selektion (OR-Split) ist nach *HOHEISEL* in der Geschäftsprozessmodellierung unzulässig, da sie zu nichtdeterministischen Ergebnissen führen würde[278]. Sie indiziert vielmehr eine mangelnde Detaillierung.

---

[272] Vgl. *ENDL* (2004), S. 69
[273] Vgl. *ENDL* (2004), S. 73
[274] Vgl. *ENDL* (2004), S. 71
[275] Vgl. *HERBST* et al. (1994), S. 18 f.
[276] Vgl. *ENDL* (2004), S. 140
[277] Vgl. *HERBST* et al. (1994), S. 36 und *ENDL* (2004), S. 139
[278] Vgl. *HOHEISEL* (2000), S. 135

- Die Darstellung einer *Iteration*, d. h. der zyklischen Wiederholung eines Prozessabschnittes, erfolgt durch Verwendung einer ECAA-Regel, deren alternative Aktionskomponenten zu einem früheren Ereignis zurückverweist.

- Die *Parallelität* zweier Abläufe wird dargestellt, indem entweder eine Aktion auf zwei verschiedene Ereignisse verweist, oder ein- und dasselbe Ereignis zwei unterschiedliche Geschäftsregeln auslöst. In beiden Fällen erfolgt die Zusammenführung durch Modellierung eines Konjunktionsereignisses.

Abbildung 11 zeigt eine mögliche Modellierung der vier Ablaufformen. Zudem ist ersichtlich, dass eine regelbasierte Geschäftsprozessmodellierung mit Hilfe der ECAA-Notation auch durch grafische Elemente ergänzt werden kann. Die Notation der Geschäftsregeln selbst erfolgt in sprachlicher Form.

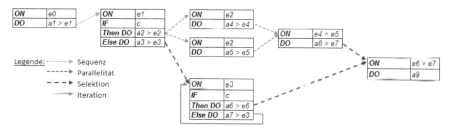

**Abb. 11:** Modellierung des Kontrollflusses mit der ECAA-Notation

Zusammenfassend ist festzustellen, dass der vorliegende Ansatz Geschäftsregeln nicht als eigenständigen Gegenstand der Unternehmensmodellierung, sondern als Methode zur Geschäftsprozess- und Workflowmodellierung betrachtet. Durch sukzessive Verfeinerung der Bedingungs- und Aktionskomponenten können aus Geschäftsprozessmodellen unter Beibehaltung der ECAA-Notationsform – und damit prinzipiell ohne Bedeutungsverluste - präzise Workflowmodelle abgeleitet werden, die schließlich in die Beschreibungssprache des WfMS zu transformieren sind[279]. An dieser Stelle setzt die Kritik MORGANS an: Mit zunehmender Verfeinerung der Komponenten würden bereits fachliche Anforderungen mit der Art ihrer Umsetzung durch WfMS, also Geschäfts- mit Systemregeln vermischt. Ereignisse würden um des Schemas willen „konstruiert"[280].

Durch ihre Fokussierung auf prozessuale Aspekte vermag die ECAA-Notation darüber hinaus nur in sehr eingeschränkter Form Geschäftsregeln strukturellen Inhalts zu modellieren. Es wird zwar vorgeschlagen, die Komponenten der o. g. Notation um Angaben zu benötigten Informationselementen und zu ausführenden Akteuren bzw. Anwendungssystemen zu ergänzen[281]. Strukturelle Aussagen zur Beschreibung von Ontologien, Definitionen und Integritätsbeschränkungen lassen sich darin jedoch nicht integrieren.

[279] Vgl. ENDL (2004), S. 92
[280] Vgl. MORGAN (2002), S. 46
[281] Vgl. KNOLMAYER/ENDL/PFAHRER (2000), S. 21 f.

#### 6.2.2.2 Regelschablonen nach *VON HALLE*

Regelschablonen sind syntaktische Muster zur Formulierung von Regeln derselben Regelklasse. Sie erhalten ihre klassenspezifische Struktur durch Platzhalter und vordefinierte Schlüsselwörter. Durch diese erzwingen sie die Einhaltung einheitlicher Standards bei der Formulierung sämtlicher Regeln eines gegebenen Realitätsausschnitts, unterstützen also mittelbar deren Verständlichkeit und Konsistenz[282]. Ein einheitlicher Standard zur Formulierung der Regelklassen hat sich jedoch ebenso wenig herausgebildet, wie dies Kapitel 5 zufolge für die Regelklassen selbst der Fall ist.

Beispielhaft werden zunächst die auf ihrem Klassifikationsschema gemäß Kapitel 5.3.1 aufbauenden Regelschablonen nach *VON HALLE* vorgestellt. Platzhalter werden darin in spitzen Klammern, optionale Bausteine in eckigen Klammern, alternative Bausteine durch Kommata getrennt und Schlüsselwörter in Großbuchstaben dargestellt:

**Tab. 15:** Regelschablonen nach *VON HALLE*[283]

| Regelklasse | Regelschablone(n) |
|---|---|
| Begriffe | <term> IS DEFINED AS <text> |
| Fakten | <term1> IS A <term2> |
| | <term1> <verb> <term2> |
| | <term1> IS COMPOSED OF <term2> |
| | <term1> IS A ROLE PLAYED BY <term2> |
| | <term1> HAS A PROPERTY OF <term2> |
| Berechnungen | <term1> IS COMPUTED AS <formula> |
| Integritäts-beschränkungen | <term1> MUST HAVE <at least, at most, exactly *n* of> <term2> |
| | <term1> MUST BE <comparison> <term2>, <value>, <value list> |
| | <term1> MUST [NOT] BE IN LIST <a, b, c> |
| | IF <rule phrase(s)> THEN <constraint of any of the above types> |
| Richtlinien | <term1> SHOULD HAVE <at least, at most, exactly *n* of> <term2> |
| | <term1> SHOULD BE <comparison> <term2>, <value>, <value list> |
| | <term1> SHOULD [NOT] BE IN LIST <a, b, c> |
| | IF <rule phrase(s)> THEN <constraint of any of the above types> |
| Inferenzregeln | IF <term1> <operator> <term2, value, value list> AND <again> THEN <term3 > <operator> <term4> |
| | Mögliche Werte für <operator> : |
| | - Comparison (=, not =, =<, =>, <, >) |
| | - In, not in |

---

[282] Vgl. GRAHAM (2007), S. 104
[283] Vgl. VON HALLE (2001) S. 39-41

| | - Has quantity <at least *n*, at most *n*, exactly *n* > of |
|---|---|
| Aktionsauslösende Regeln | IF <term1> <operator> <term2> THEN <action> |

Die Menge aller Begriffe und Fakten ergibt das sog. Begriffs- und Faktenmodell, das die Ontologie des betrachteten Realitätsausschnittes beschreibt. Aus den verschiedenen Schablonen zur Beschreibung von Fakten sind insbesondere Gemeinsamkeiten und Unterschiede ersichtlich, die zwischen der verbalen Beschreibung eines Faktenmodells und der klassischen Objekt- oder Datenmodellierung bestehen. Grundsätzlich werden in beiden Fällen Entitäten identifiziert, und, z. B. durch Kardinalitäten oder Vererbungsbeziehungen, zueinander in Beziehung gesetzt. Im Gegensatz zu den Objekten im Sinne des objektorientierten Paradigmas und Entitäten eines Entity-Relationship-Modells (ER-Modell) sind Begriffe eines Faktenmodells jedoch immer elementar, kapseln also keine Informationen zu Attributen oder Methoden. Ein Attribut wird im Rahmen des Faktenmodells ebenso als zweiwertiger Fakttyp – hier in der Ausprägung „*<term1> HAS A PROPERTY OF <term2>*" - dargestellt, wie dies auch für eine Beziehung zwischen zwei Begriffen geschieht[284].

Die Regelschablonen decken zwar alle von ihr identifizierten Regelkategorien ab, zur weiteren Verfeinerung verweist *VON HALLE* jedoch auf die Klassifikation nach *ROSS*[285]. Weitere Regelschablonen finden sich z. B. bei *MORGAN*[286], in sehr ausführlich beschriebener Form bei *WITT*[287], und für den deutschsprachigen Raum bei *SCHACHER/GRÄSSLE*[288]. Im Blickpunkt dieser Beiträge steht zumeist die Frage, wie Regelschablonen in möglichst eindeutiger und zugleich verständlicher Form verfasst werden können. Nach *SCHACHER/GRÄSSLE* entspricht etwa die Formulierung von Bedingungen in der Form „Folgerung x wenn Bedingung y" eher dem natürlichen Denkprozess als die bereits stärker an Programmiersprachen orientierte „Wenn - dann"-Form[289].

### 6.2.2.3 SBVR Structured English (SBVR-SE)

In den SBVR wird zwar ausdrücklich darauf hingewiesen, dass SBVR-kompatible Modell grundsätzlich weder an eine bestimmte Modellierungssprache, noch an die verbale Notationsform gebunden sind[290]. Mit SBVR-SE, RuleSpeak® und Object-Role Modelling (ORM) werden jedoch drei SBVR-kompatible Sprachen zur Modellierung von Geschäftsregeln vorgestellt[291]. Zudem wird ausgeführt, dass verbale Notationen besser geeignet seien, Begriffsdefinitionen und Geschäftsregeln auszudrücken, grafische Darstellungen hingegen lediglich „hilfreich" zur Darstellung von Beziehungen zwischen Konzepten[292].

---

[284] Vgl. *SCHACHER/GRÄSSLE* (2006), S. 86
[285] Vgl. *VON HALLE* (2001), S. 39
[286] Vgl. *MORGAN* (2002), S. 68-71
[287] Vgl. *WITT (2011)*, S. 237-302
[288] Vgl. *SCHACHER/GRÄSSLE* (2006), S. 295-297
[289] Vgl. *SCHACHER/GRÄSSLE* (2006), S. 129
[290] Vgl. SBVR (2008), S. 230
[291] Vgl. SBVR (2008), S. 217
[292] Vgl. SBVR (2008), S. 237

SBVR-SE unterteilt den Wortschatz zur Regelbeschreibung in vier Bausteintypen, die in unterschiedlichen Schriftarten dargestellt werden[293]:

**Tab. 16:** Bausteintypen zur Notation in SBVR-SE

| Baustein | Verwendung |
|---|---|
| term | Wird zumeist im Singular für die Darstellung von Objekttypen verwendet (z. B. „state"). |
| Name | Wird für die Darstellung von individuellen Objekten und numerischen Werten verwendet (z. B. „California", „42"). |
| verb | Wird zumeist in Singular- und Aktivform für die Darstellung von Verben und ggf. dazugehörigen Präpositionen in Fakten, Fakttypen, Definitionen oder Geschäftsregeln verwendet (z. B. „California *is a* state", „customer *orders* number *of* article"), gelegentlich auch in der passiven Form *„is <Partizip Präsens> by"* zur Darstellung binärer Fakttypen (z. B. „meaning *is represented by* expression"). |
| keyword | Wird für Schlüsselwörter verwendet, die zur Bildung von logischen Aussagen (einschließlich Definitionen von Konstrukten) erforderlich sind (z. B. „Each customer must *have* an address"), sowie für Satzzeichen, insbesondere für Apostrophen zur Bezeichnung von Konstrukten (z. B. „The concept ‚manager' *is* a category *of* the concept ‚employee"'). |

SBVR-SE definiert eine abschließende Menge zulässiger Schlüsselwörter, und ordnet diese wie folgt vier Kategorien zu[294]:

1.) *Quantifizierer* werden zur Darstellung von Kardinalitätsbeziehungen benötigt. Die Variablen „m" und „n" stehen für zahlenmäßige Werte:

{"each", "some", "at least one", "at least n", "at most one", "at most", "exactly one", "exactly", "at least n and at most m", "more than one"}

2.) *Logische Operatoren* ermöglichen die Bildung von Aussagen nach der klassischen Aussagenlogik, die auf den beiden möglichen Wahrheitswerten „wahr (w)" und „falsch (f)" beruhen. Die Variablen „p" und „q" stehen für die zu bewertenden Teilaussagen, deren Wahrheitswerte, verglichen mit der Forderung des Operators, den Wahrheitswert der Gesamtaussage ergeben:

**Tab. 17:** Logische Operatoren in SBVR-SE

| Operator | Logische Bedeutung | Wahrheitswerte | | | |
|---|---|---|---|---|---|
| | | p q | p q | p q | p q |
| | | w w | w f | f w | f f |
| "p and q" | Konjunktion ("AND") | w | f | f | f |
| "p or q" | Inklusive Disjunktion ("OR") | w | w | w | f |

[293] Vgl. SBVR (2008), S. 237 f.
[294] Vgl. SBVR (2008), S. 239-241

| | | | | | |
|---|---|---|---|---|---|
| "p or q but not both" | Exclusive Disjunktion ("XOR") | f | w | w | f |
| "not both p and q" | "Nicht beide" ("NAND") | f | w | w | w |
| "neither p nor q" | "Weder noch" ("NOR") | f | f | f | w |
| "p whether or not q" | Identität von p | w | w | f | f |
| "it is not the case that p" | Negation ("NOT") | f | f | w | w |
| "if p then q" bzw. "q if p" | Implikation | w | f | w | w |
| "p if and only if q" | Äquivalenz | w | f | f | w |

3.) *Modale Operatoren* ermöglichen die Bildung von Aussagen nach der alethischen Logik mit Folgerungen um die Dimensionen „möglich" und „notwendig", sowie der deontischen Logik mit Folgerungen um die normativen Begriffe „Pflicht" und „Erlaubnis". Während Erstere zur Formulierung absoluter, „in allen möglichen Welten" unumstößlicher Wahrheiten verwendet werden, implizieren Letztere die theoretische Möglichkeit eines Verstoßes[295]. SBVR-SE unterstützt die Bildung modaler Aussagesätze sowohl durch vorangestellte, als auch durch eingebettete Operatoren. In einigen Fällen ist ferner die Bildung äquivalenter Operatoren mittels Negation zugelassen:

**Tab. 18:** Modale Operatoren in SBVR-SE

| Operator (vorangestellt) | Bedeutung | Äquivalente Ausdrücke |
|---|---|---|
| "it is obligatory that p" | Pflicht | "…must …" |
| "it is prohibited that p" | Verbot | "…must not …" |
| "it is permitted that p [only if q]" | [eingeschränkte] Erlaubnis | "…may … [only if …]" <br> "it is obligatory that not p [only if q]" |
| "it is necessary that p" | Notwendigkeit | "…always …" |
| "it is impossible that p" | Unmöglichkeit | "…never …" |
| "it is possible that p [only if q]" | [eingeschränkte] Möglichkeit | "it is necessary that not p [if not q]" |

*WITT* postuliert aus Gründen der Verständlichkeit und Prägnanz die Verwendung eingebetteter Operatoren, da hierbei die geringste Anzahl Wörter zur Formulierung desselben Inhalts benötigt wird[296]. *HALPIN* empfiehlt hingegen die Verwendung der vorangestellten, um die deontische oder alethische Interpretation der Regel in Abgrenzung zueinander zu akzentuieren[297].

4.) Als *sonstige Schlüsselwörter* zur Strukturierung von Aussagen und Vermeidung von Zweideutigkeiten werden ferner genannt:

---

[295] Vgl. *HALPIN* (2007), S. 207
[296] Vgl. *WITT* (2011), S. 60
[297] Vgl. *HALPIN* (2007), S. 208

{"the", "a", "an", "another", "a given", "that", "who", "what"}

Das Schlüsselwort "another" wird z. B. verwendet, um innerhalb einer Aussage bei mehrmaliger Verwendung desselben Objekttyps klarzustellen, dass es sich um zwei verschiedene Instanzen dieses Objekttyps handelt. Das Schlüsselwort „a given" wurde ferner in Abgrenzung zu den Schlüsselwörtern „a" und „an" eingeführt, um auszudrücken, dass nicht die generelle Existenz von Instanzen eines Objekttyps, sondern eine zu einem bestimmten Zeitpunkt konkret gegebene Instanz gemeint ist.

Mit den vier Bausteintypen können alle von den SBVR eingeführten Konzepte, Regeln und Empfehlungen (siehe Kapitel 5.3.2) abgebildet werden. Darüber hinaus gewährt SBVR-SE auf den Beschreibungsebenen sowohl ganzer Unternehmensvokabulare und Regelmengen („rule sets"), als auch auf der der einzelnen Konstrukte und Steuerungselemente zahlreiche Kategorien zur Dokumentation von Metadaten[298]. Auf allen Ebenen wird etwa die Angabe von Quelldokumenten gefordert, die zur Identifikation der Konstrukte, Regeln und Empfehlungen herangezogen wurden, und damit deren fachliche Nachvollziehbarkeit sichergestellt.

Speziell auf der Ebene des Unternehmensvokabulars ist zu dokumentieren, in welcher Sprache dieses verfasst wurde, und welcher Personenkreis („speech community") für dessen Erstellung verantwortlich zeichnet. In den Metadaten der Regelmenge ist wiederum das zugrundeliegende Unternehmensvokabular zu referenzieren[299].

Zu den im Unternehmensvokabular geführten individuellen Objekten, Objekt- und Fakttypen können insbesondere formale oder informelle Definitionen, Synonyme oder übergeordnete Konzepte, zu denen sie in einer Spezialisierungsbeziehung stehen, aufgenommen werden[300]. Zu den Steuerungselementen wird schließlich angegeben, ob es sich dabei um eine operative oder strukturelle Geschäftsregel, eine Möglichkeit oder Erlaubnis handelt, und wie diese ggf. alternativ formuliert werden können. Im Falle einer operativen Regel kann auch der Bestimmtheitsgrad der Durchsetzung benannt werden[301].

Damit lässt sich feststellen, dass SBVR-SE nicht nur die Anforderungen an die Formulierung von Geschäftsregeln gem. Kapitel 4.3.3.2 erfüllt, sondern auch deren Nachvollziehbarkeit sicherstellt, und Anknüpfungspunkte für ein aktives Geschäftsregelmanagement bietet.

Auf die grundsätzliche Transformierbarkeit SBVR-basierter in plattformunabhängige und – spezifische Modelle im Rahmen des MDA-Ansatzes wurde bereits in Kapitel 5.3.2 hingewiesen. Grundlage dieser Transformierbarkeit ist die Konformität der Quell- und Zielmodelle mit dem Meta-Meta-Modell der Meta Object Facility (MOF), einem Standard der OMG zur allgemeinen Beschreibung von Meta-Modellen. Diese Konformität wird durch Zuordnung („Mapping") bestimmter MOF-Modellelemente, z. B. „Klasse", „Attribut" oder „Beziehung", zu den Modellelementen des Meta-Modelles hergestellt. Da neben SBVR- insbesondere auch UML-basierte Modelle diesem Standard entsprechen, wird die Transformation in ein UML-Modell grundsätzlich erleichtert, bedarf aber dennoch eines weiteren Mappings[302]. LINEHAN schildert die gelungene, zweifache Transformation einer in SBVR-SE formulierten

---

[298] Vgl. SBVR (2008), S. 244
[299] Vgl. SBVR (2008), S. 253
[300] Vgl. SBVR (2008), S. 245
[301] Vgl. SBVR (2008), S. 254
[302] Vgl. SBVR (2008), S. 179 - 181

„eingeschränkten Erlaubnis", als Spezialfall einer operativen Geschäftsregel: In einem ersten Schritt erfolgte die Transformation in OCL, in einem zweiten die Übersetzung des OCL-Ausdrucks in die objektorientierte Programmiersprache Java. Er weist jedoch, in Übereinstimmung mit den SBVR selbst[303], darauf hin, dass das erforderliche Mapping für die Mehrzahl der übrigen SBVR-Modellelemente noch nicht erfolgt ist[304].

## 6.2.3 Tabellarische Modellierungsmethoden

Eine weitere Notationsform, die sich vor allem für komplexe logische Entscheidungssituationen eignet, und ihren Ursprung bereits in den späten 1950er Jahren auf dem Gebiet der Programmierung genommen hat, stellen Entscheidungstabellen dar. Mitte der 1980er Jahre für die Wissensrepräsentation in wissensbasierten Systemen wiederentdeckt, kommen sie heute in allen Phasen des Entwicklungsprozesses von Informationssystemen zum Einsatz[305].

Entscheidungstabellen können als tabellarische Darstellung zur Analyse und Beschreibung von Entscheidungssituationen definiert werden, bei denen aus den möglichen Ausprägungen der Kriterien des Bedingungsteils auf die Ausprägungen der Kriterien des Folgerungsteils geschlossen werden kann. Kriterien stellen jeweils Teilbedingungen bzw. –folgerungen dar. Die verschiedenen möglichen Ausprägungen eines Kriteriums – nachfolgend als Werte bezeichnet – stehen zueinander in einem disjunktiven, die Werte unterschiedlicher Kriterien in einem konjunktiven Verhältnis. Jede mögliche Kombination dieser Werte repräsentiert eine Geschäftsregel[306].

Aus Abbildung 12 ist nach SCHACHER/GRÄSSLE der idealtypische Aufbau einer sog. Bedingungstabelle ersichtlich:

---

[303] Vgl. SBVR (2008), S. 219

[304] Vgl. LINEHAN (2008), S. 194

[305] Vgl. VANTHIENEN, o. J., S. 2 f.

[306] Vgl. SCHACHER/GRÄSSLE (2006), S. 127 f.

| | Regel | 1 | 2 | 3 | 4 | ... | n |
|---|---|---|---|---|---|---|---|
| **Bedingung** | | | | | | | |
| Kriterium 1 | Wert 11 | x | | x | | | |
| | Wert 12 | | x | | x | | |
| Kriterium 2 | Wert 21 | x | x | | | | |
| | Wert 22 | | | x | x | | |
| | Wert 23 | | x | | x | | |
| ... | ... | | | | | | |
| **Folgerung** | | | | | | | |
| Kriterium X | Wert X1 | x | | | x | | |
| | Wert X2 | | x | x | | | |
| Kriterium Y | Wert Y1 | | x | | x | | |
| | Wert Y2 | x | | x | | | |
| ... | ... | | | | | | |

**Abb. 12:** Bedingungstabelle nach *SCHACHER/GRÄSSLE*[307]

Abbildung 13 zeigt zum Vergleich eine sog. geschachtelte Bedingungstabelle, als eine von insgesamt drei weiteren möglichen Gestaltungsformen nach *SCHACHER/GRÄSSLE*.

| **Bedingung** | | | | | | | | | | | | | |
|---|---|---|---|---|---|---|---|---|---|---|---|---|---|
| Kriterium 1 | | Wert 11 | | | | | Wert 12 | | | | | | |
| Kriterium 2 | | Wert21 | | Wert22 | | Wert23 | | Wert21 | | Wert22 | | Wert23 | | |
| Kriterium 3 | | W31 | W32 | W31 | W32 | W31 | W32 | W31 | W32 | W31 | W32 | W31 | W32 |
| ... | | | | | | | | | | | | | |
| **Folgerung** | | | | | | | | | | | | | |
| Kriterium X | Wert X1 | x | | x | x | | x | | x | | | | x |
| | Wert X2 | | x | x | | x | x | | x | x | | | |
| Kriterium Y | Wert Y1 | | x | | x | | x | x | | | | | |
| | Wert Y2 | x | x | | x | | x | | | x | x | | x |
| ... | ... | | | | | | | | | | | | |

**Abb. 13:** Geschachtelte Bedingungstabelle nach *SCHACHER/GRÄSSLE*[308]

Mit geschachtelten Bedingungstabellen strukturell eng verwandt, in der Darstellung jedoch weniger kompakt ist die grafische Modellierungsmethode der Entscheidungsbäume, deren Anschaulichkeit nach *BOYER/MILI* mit zunehmender Komplexität der Entscheidungssituation abnimmt[309]:

---

[307] Vgl. *SCHACHER/GRÄSSLE* (2006), S. 294
[308] Vgl. *SCHACHER/GRÄSSLE* (2006), S. 294
[309] Vgl. *BOYER/MILI* (2011), S. 254 f.

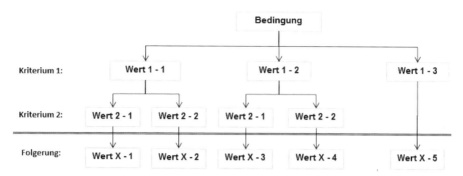

**Abb. 14:** Entscheidungsbaum

*BOYER/MILI* erachten Entscheidungsbäume andererseits in solchen Situationen als überlegen, in denen bestimmte Kriterien nicht für alle Schlussfolgerungen relevant sind (z. B. Kriterium 2 für Folgerung X – 5 in Abb. 10), da hier im Gegensatz zu Entscheidungstabellen keine Notwendigkeit besteht, leere Tabellenwerte auszuprägen[310]. Grundsätzlich können mit Entscheidungstabellen und -bäumen alle Arten von Geschäftsregeln ausgedrückt werden, die sich als konditionale Aussagen formulieren lassen: Dementsprechend ist die Folgerung im Falle einer strukturellen Regel im Sinne der SBVR (vgl. Kapitel 5.3.2) als definitorische Schlussfolgerung, im Falle einer operativen Regel als Handlungsge- oder –verbot zu interpretieren. Die Verwendung von Entscheidungstabellen und –bäumen wird jedoch vor allem dann als sinnvoll erachtet, wenn viele Geschäftsregeln zu modellieren sind, die dieselben Kriterien referenzieren[311].

*VANTHIENEN* führt aus, dass Entscheidungstabellen sowohl bei der Identifikation als auch bei der Modellierung zur Qualitätssicherung von Geschäftsregeln beitragen können. Durch die systematische Betrachtung aller Kriterien und Werte werden Regelmengen und deren Bedingungs- und Forderungsteile auf Inkonsistenzen, Redundanzen, Unvollständigkeiten oder Mehrdeutigkeiten untersucht[312].

*BOYER/MILI* zeigen am Beispiel des kommerziellen BRMS *JRules* eine automatisierte Übersetzung von Entscheidungstabellen und –bäumen in ausführbaren Code der in *JRules* verwendeten ILOG Rule Language (IRL). Sie attestieren diesen schließlich eine hohe Übereinstimmung mit dem Prinzip des auch in *JRules* eingesetzten RETE-Algorithmus, der, wie bereits an anderer Stelle ausgeführt, gemeinsame Bedingungteile mehrerer Geschäftsregeln zur Erhöhung der Effizienz für alle diese Regeln nur einmal berechnet[313].

---

[310] Vgl. *BOYER/MILI* (2011), S. 353
[311] Vgl. *BOYER/MILI* (2011), S. 254
[312] Vgl. *VANTHIENEN*, o. J., S. 7 f.
[313] Vgl. *BOYER/MILI* (2011), S. 351 - 354

## 6.3 Integrierte Ansätze der Geschäftsregelmodellierung

### 6.3.1 Geschäftsregeln in UML

#### 6.3.1.1 Allgemeines

Als eigenständiges Paradigma der Entwicklung von Informationssystemen zielt Objektorientierung auf die Bereitstellung von Bezugsrahmen, die von der Analyse über die Modellierung bis hin zur Implementierung für alle Phasen des Entwicklungsprozesses Gültigkeit besitzen. Durch eine möglichst methodeneinheitliche Modellierung sowohl der fachlichen Anforderungen, als auch ihrer Umsetzung in Anwendungssystemen wird einerseits eine bessere Kommunikation zwischen Modellierern der Fachseite und Systementwicklern ermöglicht. Andererseits entfällt mit der Transformation einer Beschreibungssprache in eine andere auch eine potentielle Fehlerquelle[314].

In den 1990er Jahren von den Methodenentwicklern GRADY BOOCH, IVAR JACOBSON und JAMES RUMBAUGH entworfen und 1997 durch die OMG als Standard akzeptiert, entwickelte sich UML schnell zur dominierenden Sprache objektorientierter Modellierung von Softwaresystemen[315]. Vor diesem Hintergrund wurden verschiedene Anstrengungen unternommen, UML um Methoden der Unternehmensmodellierung im Allgemeinen, und der Geschäftsregelmodellierung im Speziellen anzureichern. UML stellt grundsätzlich eine Reihe verschiedener Diagrammtypen mit einheitlicher Notation und Semantik zur Verfügung, ohne deren konkrete Verwendung methodisch festzulegen[316]:

- *Klassendiagramme* werden zur Modellierung von Objektklassen, deren Attribute, Methoden (d. h. Operationen im Sinne des objektorientierten Ansatzes) und Beziehungen zueinander verwendet.

- *Anwendungsfalldiagramme* dienen zur Darstellung möglicher Interaktionen von Akteuren bzw. Anwendern mit dem Anwendungssystem, beschränkt sich dabei jedoch auf die für den Anwender sichtbaren Aktionen und Reaktionen innerhalb eines Geschäftsprozesses.

- Im Gegensatz hierzu stellen *Aktivitätsdiagramme* Kontrollflüsse innerhalb eines Systems, bestehend aus alternativen zeitlich-logischen Abfolgen systemseitiger Aktivitäten dar. Durch Unterteilung der Diagramme in sog. *„swim lanes"* lassen sich die Aktivitäten bestimmten Objektklassen zuordnen.

- *Sequenz- und Kollaborationsdiagramme* werden zur Darstellung zulässiger Interaktionen zwischen Objektklassen verwendet.

- In *Zustandsdiagrammen* werden schließlich die zulässigen Zustände von Objekten einer Objektklasse modelliert, die durch Attributswerte repräsentiert und durch Operationen verändert werden.

---

[314] Vgl. ENDL (2004), S. 143
[315] Vgl. MERTENS/BACK (2001), S. 483
[316] Vgl. ENDL (2004), S. 146 - 158

Grundsätzlich wird eine Vielzahl einfacher Geschäftsregeln durch diese Diagramme bereits in impliziter Form ausgedrückt, z. B. Berechtigungsregeln durch Anwendungsfalldiagramme oder Integritätsbeschränkungen durch Kardinalitäten in Klassendiagrammen.

ODELL wies jedoch bereits 1995 auf die Notwendigkeit hin, Geschäftsregeln auch in verbaler, deklarativer Form zu explizieren, und betrachtete insbesondere Ableitungsregeln sowie die von ihm identifizierten strukturellen Einschränkungen als Bestandteile von Objektklassen[317]. REGEV/WEGMANN beschreiben einen Ansatz, bestimmte Geschäftsregeln in Form textueller Bemerkungen zusammen mit kollektiven und individuellen Zielen der Akteure in Anwendungsfalldiagrammen zu dokumentieren[318]. GRAHAM stellt hierzu jedoch klar, dass eine frei formulierte Beschriftung von Modellelementen mit den Anforderungen des Business Rules-Ansatzes nicht zu vereinbaren ist[319].

Mit OCL wird nun eine sprachlich-semantische, mit Stereotypen eine grafische Notationsform vorgestellt, die zur Erweiterung der UML konzipiert wurden, und für die Geschäftsregelmodellierung in Betracht kommen.

### 6.3.1.2 OCL

Um auch komplexere Einschränkungen modellintern in unzweideutiger und zugleich maschinell interpretierbarer Form explizieren zu können, wurde UML 1999 durch die formalisierte Spezifikationssprache OCL ergänzt[320].

Bsp.: Verbal: „Die Sozialversicherungsnummer einer Person muss einzigartig sein"

OCL: „Person

Person.allinstances -> forAll (p1, p2 |

P1 <> p2 implies    p1.SozVersNR <>

P2.SozVersNR)"

OCL-Ausdrücke können zwar in allen o. g. Diagrammtypen zur Explizierung von Geschäftsregeln verwendet werden, müssen aber jeweils genau einem Modellelement zugeordnet werden. ENDL erachtet die Modellierung von Geschäftsregeln als OCL-Ausdrücke in UML-Diagrammen aus mehreren Gründen als problematisch[321]:

- Die Entscheidung, welche Diagrammtypen neben dem obligatorischen Klassendiagramm überhaupt zu verwenden, und in welchem davon Geschäftsregeln zu modellieren sind, liegt, da UML diesbezüglich kaum Einschränkungen vornimmt, im Ermessen des Modellierers. Zulässige Zustandsübergänge von Objektattributen könnten etwa sowohl Klassen-, als auch Zustands- oder Aktivitätsdiagrammen zugeordnet werden. Ebenso ist innerhalb eines Diagrammtyps festzulegen, welchem Modellelement eine ggf. mehrere Elemente betreffende Geschäftsregeln zuzurechnen ist[322]. Das Objektklassenmodell sollte nach ENDL

---

[317] Vgl. ODELL (1995), S. 54 - 56
[318] Vgl. REGEV/WEGMANN (2001), S. 7 f.
[319] Vgl. GRAHAM (2007), S. 57
[320] Vgl. MORGAN (2002), S 65 f. und PETSCH/PAWLASZCZYK/SCHORCHT (2007), S. 364
[321] Vgl. ENDL (2004), S. 171
[322] Vgl. auch GRAHAM (2007), S. 58 f.

grundsätzlich den Kristallisationspunkt bilden, in möglichst viele Regeln gemeinsam beschrieben werden[323].

- In OCL formulierte Regeln haben keine Eigenschaften, sondern sind vielmehr ihrerseits Eigenschaft der jeweiligen UML-Komponente. Es können somit keine zusätzlichen Informationen hinterlegt werden.

- Die Wiederverwendbarkeit von Geschäftsregeln ist in UML nicht vorgesehen - Geschäftsregeln, die von mehreren Modellelementen zu berücksichtigen sind, sind vielmehr redundant zu spezifizieren. *GRAHAM* identifiziert diesbezüglich ein generelles Spannungsverhältnis zwischen dem Prinzip der Kapselung des objektorientierten Paradigmas und dem Anspruch des Business Rules-Ansatzes, Geschäftsregeln als unabhängige Systemkomponente zu modellieren[324]. Er empfiehlt daher, Geschäftsregeln in einem zentralen Repository abzulegen, und in den jeweils betroffenen Objektklassen nur einen Verweis auf die Fundstelle zu spezifizieren[325].

UML-Modelle sind, einschließlich der darin enthaltenen OCL-Spezifikationen, plattformunabhängige Modelle im Sinne des MDA-Ansatzes, unterstützen also grundsätzlich eine Abbildung auf plattformabhängige Modelle sowie die automatisierte Generierung ausführbaren Codes in einer objektorientierten Programmiersprache, z. B. in Java[326]. *DEMUTH/ HUSSMANN/LOECHER* wiesen zwar bereits im Jahr 2001 die Transformierbarkeit in OCL spezifizierter Invarianten in Code der Structured Query Language (SQL) nach[327]. Dennoch bezeichnete *LINEHAN* das Mapping zwischen den Meta-Modellen der Modellierungssprachen auf den verschiedenen Ebenen des MDA auch im Jahr 2008 noch immer als „offenen Punkt"[328].

Mit Blick auf die technisch-formale Syntax der OCL-Ausdrücke wird diese jedoch übereinstimmend für ungeeignet erachtet, Geschäftsregeln auch für Angehörige der Fachseite in verständlicher Weise zu repräsentieren[329]. Letztlich bleibt auch festzuhalten, dass sich UML als Modellierungssprache für Softwaresysteme naturgemäß stärker an Implementierungsaspekten orientiert. Geschäftsregeln werden darin nicht als eigenständiges Modellierungsobjekt aufgefasst, sondern entstehen *„quasi als ‚Abfallprodukt' bei der Analyse der Funktionen und der Datenstrukturen"*[330].

### 6.3.1.3 Stereotype und Tagged Values

Ein weiterer Ansatz zur Erweiterung der UML um Aspekte der Unternehmensmodellierung, insbesondere der Geschäftsprozessmodellierung, setzt bei dem UML-eigenen Erweiterungsmechanismus der sog. Stereotypen an. Stereotype erweitern das aus den Ursprungselementen der UML bestehende Meta-Modell um grafische Modellbausteine, die zusätzliche oder speziell auf die Modellierungssituation angepasste Eigenschaften aufweisen[331].

---

[323] Vgl. *ENDL* (2004), S. 244
[324] Vgl. *GRAHAM* (2007), S. 59
[325] Vgl. *GRAHAM* (2007), S. 198; ähnlich auch *VASILECAS/LEBEDYS* (2005), S. II.5-4
[326] Vgl. *LINEHAN* (2008), S. 193
[327] Vgl. *DEMUTH/HUSSMANN/LOECHER* (2001), S. 115 f.
[328] Vgl. *LINEHAN* (2008), S. 188
[329] Vgl. *MORGAN* (2002), S. 66 und *GRAHAM* (2007), S. 59
[330] *ENDL* (2004), S. 244
[331] Vgl. *ENDL* (2004), S. 159

Indem es die Abfolge elementarer Aktivitäten eines Anwendungsprogrammes darstellt, eignet sich das Aktivitätsdiagramm von den in Kapitel 6.3.1.1 genannten Diagrammtypen grundsätzlich am besten für eine Erweiterung zur Modellierung von Geschäftsprozessen. Im Gegensatz zu originären Modellierungsmethoden der Geschäftsprozessmodellierung fehlen Aktivitätsdiagrammen jedoch Modellelemente zur Modellierung eines physischen oder datenmäßigen In- oder Outputs, der zur Durchführung der Aktivitäten benötigten Ressourcen, der diese Aktivitäten auslösenden Ereignisse und Bedingungen sowie der sie ausführenden oder verantwortenden Organisationseinheiten[332].

Vor diesem Hintergrund schlugen ERIKSSON/PENKER mit den sog. „Eriksson-Penker-Extensions (EPE)" Stereotype zur Erweiterung von Aktivitätsdiagrammen vor, darunter folgende[333]:

-   EPE-Prozesse sind Stereotype des Modellelements „Aktivität", die eine im Prozessverlauf durchzuführende Menge (atomarer) Aktivitäten repräsentieren und, je nach Abstraktionsgrad, den gesamten Prozess oder einzelne Funktionen innerhalb eines Prozesses darstellen.

-   Informationsobjekte sind Stereotype der UML-Komponente „Objektklasse", die lediglich beschreibende Attribute beinhalten und von einem EPE-Prozesselement benötigt oder generiert werden.

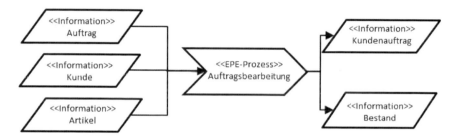

**Abb. 15:** EPE-Prozess mit Informationsobjekten in Anlehnung an ENDL[334]

Neben Stereotypen kennt die UML mit den sog. „Tagges Values" einen weiteren Erweiterungsmechanismus, der im Gegensatz zu Stereotypen nicht das UML-Meta-Modell erweitert, sondern bestehende oder als Stereotype eingerichtete Modellelemente um charakteristische Eigenschaften ergänzt. EPE-Prozessen werden bei ERIKSSON/PENKER als Tagged Values insbesondere Informationen zum Prozesseigentümer, Kosten- und Zeitaspekte zugeordnet.

Zur schrittweisen Verfeinerung der EPE-Prozesse wird schließlich, als Stereotyp der UML-Klasse „Event", das Konstrukt der sog. „Business Events" eingeführt, die mit den Symbolen für systemexterne „receive"- und systeminterne „send"-Signale der Aktivitätsdiagramme dargestellt werden.

[332] Vgl. ENDL (2004), S. 161 f.
[333] Vgl. ERIKSSON/PENKER (2000), S. 66-85
[334] Vgl. ENDL (2004), S. 167

*ENDL* schlägt, aufbauend auf den Erweiterungen nach *ERIKSSON/PENKER*, weitere Ergänzungen der UML vor, die eine explizite, integrierte Modellierung von Geschäftsregeln des ECAA-Schemas erlauben. „*Receive*"-Signale entsprechen darin prozessauslösenden, „*send*"-Signale Transitionsereignissen[335]. Die aktiven, d. h. zeitkonsumierenden Bedingungs- und Aktionskomponenten werden gleichermaßen durch das Stereotyp „EPE-Prozess" dargestellt. Ein zusätzliches „Tagged Value" bzw. Attribut „Typ" gibt dabei an, um welche der beiden möglichen Komponententypen es sich handelt. Jedes durch ein Transitionsereignis repräsentierte Prozessende stellt letztlich eine für die Umwelt beobachtbare Reaktion dar, die mit einem Anwendungsfall des Anwendungsfalldiagrammes einhergeht[336].

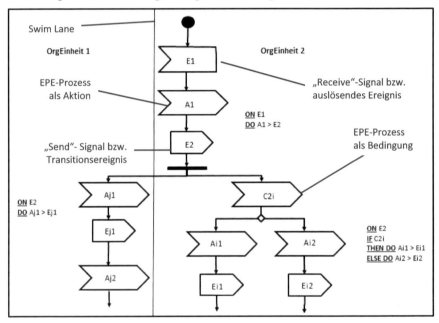

**Abb. 16:** Ausschnitt eines regelbasierten UML-Prozess-Diagramms nach *ENDL*[337]

Aus Abbildung 16 ist ferner ersichtlich, wie mit dem UML-Konzept der Swim Lane unterschiedliche Verantwortlichkeiten für Teilprozesse modelliert werden können[338].

Als wesentlichen Vorteil der Verwendung von Stereotypen zur geschäftsregelbasierten Geschäftsprozessmodellierung erachtet *ENDL*, dass diese ausschließlich auf bestehenden UML-Konstrukten beruhen, dass also weder neue Diagrammtypen noch fremde Modellierungswerkzeuge eingeführt werden müssen[339]. Im Gegensatz zur OCL-basierten Modellierung erlauben Tagged Values, Geschäftsregeln ergänzende Eigenschaften zu attribuieren. Andererseits lassen sich mit Hilfe des ECAA-Schemas, und somit auch des hier beschriebenen Mo-

---

[335] Vgl, *ENDL* (2004), S. 174
[336] Vgl. *ENDL* (2004), S. 175 f.
[337] Vgl. *ENDL* (2004), S. 177
[338] Vgl. *ENDL* (2004), S. 167
[339] Vgl. *ENDL* (2004), S. 181

dellierungsansatzes, ausschließlich prozesssteuernde Geschäftsregeln darstellen[340]. *BRÜCHER/ ENDL* empfehlen daher die Einführung einer eigenen Klasse „Geschäftsregel" im UML-Meta-Modell, um in den verschiedenen UML-Diagrammen auch strukturelle Zusammenhänge konsistent modellieren zu können[341].

## 6.3.2 Geschäftsregeln in Methoden der Geschäftsprozessmodellierung

Seit Anfang der 1990er Jahre werden unter dem Einfluss veränderter ökonomischer Rahmenbedingungen verstärkt Ansätze zur strategieorientierten Reorganisation der betrieblichen Geschäftsprozesse diskutiert. Die Geschäftsprozessmodellierung bildet dabei das verbindende Glied zwischen der unternehmensbezogenen Strategieplanung und der prozessorientierten Gestaltung der betrieblichen Informationssysteme[342]. Mit zunehmender Prozessorientierung der betrieblichen Informationsverarbeitung entwickelte sich die Prozessmodellierung zu einem der zentralen Anliegen der Wirtschaftsinformatik, das infolgedessen zunehmend auch in Beiträgen zur Geschäftsregelmodellierung adressiert wurde.

Im Jahr 1994 untersuchten *HERBST* et al. einige der zur damaligen Zeit vorherrschenden Methoden zur Modellierung betrieblicher Abläufe mit Blick auf deren Eignung, aktionsauslösende Regeln und Integritätsbeschränkungen darzustellen. Sie kamen zu dem Ergebnis, dass die untersuchten Methoden, darunter u. a. Datenflussdiagramme und Petrinetze, zwar über keinerlei Konstrukte zur expliziten Modellierung dieser Regelklassen verfügen, in ihrer Darstellung der Kontrollflüsse aktionsauslösende Regeln jedoch implizieren, und eher unbeabsichtigt auch Integritätsbeschränkungen zum Ausdruck bringen[343].

In der Folgezeit wurden von der Forschungsgruppe um *KNOLMAYER* mehrere Ansätze entwickelt, Geschäftsregeln des ECAA-Schemas in Methoden der Geschäftsprozessmodellierung zu integrieren. Diese Ansätze fußen auf dem bereits aus Kapitel 6.3.1.3 bekannten Prinzip, die einzelnen Komponenten des Schemas separaten Modellbausteinen zuzuordnen: *HERBST* schlägt eine Konvention für die Geschäftsprozessmodellierung mit Petrinetzen vor, in der das Symbol für „Stellen" jeweils Bedingungen, auslösende oder ausgelöste Ereignisse repräsentieren kann, und dasjenige für „Transitionen" entweder für Aktionen steht oder als funktionsloses Scheinelement („Dummy") verwendet wird[344]. *ENDL* wendet das erwähnte Prinzip auf EPK an, indem er die Ereigniskomponente des ECAA-Schemas sowie die Prüfungsergebnisse der Bedingungskomponente als „Ereignisse", Bedingungs- und Aktionskomponenten hingegen als „Funktionen" modelliert.

*SCHEER/WERTH* postulieren eine Kombination von Geschäftsprozessen und Geschäftsregeln als gleichberechtigte unternehmerische Gestaltungsobjekte. Den Mehrwert dieser integrativen Betrachtung sehen sie u. a. in besser strukturierten und „entschlackten" EPK: Operative Geschäftsregeln stellen Steuerungsinformationen dar, die, als Steuerungsparameter der Funktionen modelliert, präzise spezifizieren können, wie die Funktion im Inneren abläuft. Komplexe Entscheidungssituationen, deren Faktoren sonst durch mehrere Operatoren im Prozessverlauf

---

340 Vgl. Kapitel 6.2.2.1
[341] Vgl. *BRÜCHER/ENDL* (2002), S. 160
[342] Vgl. *GEHRING* (2007), S. 6
[343] Vgl. *HERBST* et al. (1994), S. 43 f.
[344] Vgl. *HERBST* (1997), S. 140-143

zu verknüpfen wären, ließen sich etwa als Entscheidungstabelle einer einzelnen Funktion zuordnen, die im Anschluss in die möglichen Ergebnisse der Situation verzweigt. Tritt dieselbe Entscheidungssituation in mehreren Geschäftsprozessen auf, lässt sich der dazugehörige Geschäftsregelsatz wiederverwenden, eine redundante Modellierung im Prozess also vermeiden[345].

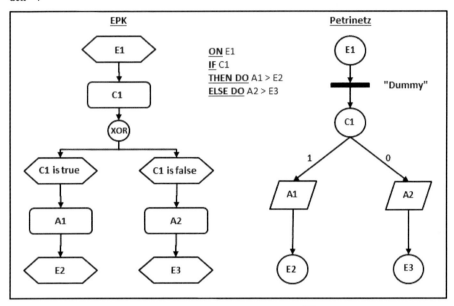

**Abb. 17:** Geschäftsregeln in EPK und Petrinetzen nach *ENDL* und *HERBST*[346]

Auch *ZUR MÜHLEN/INDULSKA/KAMP* adressieren die Frage, ob und ggf. inwiefern durch eine kombinierte Modellierung von Geschäftsprozessen und Geschäftsregeln Synergieeffekte erzielt werden können[347]. Ihre Untersuchung basiert auf den Forschungsergebnissen von *GREEN/ROSEMANN*, die diese im Jahr 2000 zunächst im Rahmen einer sog. ontologischen Evaluation erzielten, und zwei Jahre später in einer Querschnittsanalyse mit Doktoranden der Universität Brisbane empirisch belegten[348]. Sie verglichen darin u. a. die Modellierungsmethode der EPK mit dem Repräsentationsmodell nach Bunge-Wand-Weber (BWW), einem Katalog aus 40 abstrakten Konstrukten, die zur vollständigen Beschreibung eines Ausschnitts der realen Welt benötigt werden und sich in die vier Kategorien Dinge, Zustände, Ereignisse und Systeme unterteilen lassen. *GREEN/ROSEMANN* kamen darin zu dem Ergebnis, dass einige dieser Konstrukte, nämlich die jeweiligen Mengen aller möglichen bzw. erlaubten Zustände und Ereignisse – m. a. W. Integritätsbeschränkungen – mit EPK nicht dargestellt werden können[349].

---

[345] Vgl. *SCHEER/WERTH* (2005), S. 5-7

[346] Vgl. *ENDL* (2004), S. 134 und *HERBST* (1997), S. 140

[347] Vgl. *ZUR MÜHLEN/INDULSKA/KAMP* (2007), S. 130

[348] Vgl. *GREEN/ROSEMANN* (2002), S. 314 und 318 f.

[349] Vgl. *GREEN/ROSEMANN* (2002), S. 314

Auf dieser Erkenntnis aufbauend untersuchten ZUR MÜHLEN/INDULSKA/KAMP, ob und ggf. durch welche Kombination aus einer von vier Prozessmodellierungsmethoden und einer von zwei Sprachen zur Geschäftsregelbeschreibung die Konstrukte des BWW-Modells möglichst vollständig ("Maximum Ontological Completeness, MOC") und zugleich möglichst überschneidungsfrei ("Minimum Ontological Overlap, MOO") abgebildet werden können. Das beste Ergebnis erzielte dabei, mit einerm MOC-Wert von 23 und einem MOO-Wert von 6, eine kombinierte Verwendung der Business Process Modeling Notation (BPMN)[350] und der Simple Rule Markup Language (SRML)[351].

Um Sprachen der Prozess- und der Regelmodellierung sinnvoll miteinander verbinden zu können, bedarf es geeigneter Methoden zum Abgleich der jeweils verwendeten Konstrukte. CHENG/SADIQ/INDULSKA richteten ihren Fokus auf die Konsolidierung von Geschäftsregeln und -prozessen in einem ganzheitlichen Modell, und präsentierten 2011 eine Machbarkeitsstudie am Beispiel von SBVR und BPMN. Dabei identifizieren sie zunächst folgende generelle Differenzen, die eine Zusammenführung der beiden Sprachfamilien erschweren[352]:

- Geschäftsprozesse werden in der Regel in grafischer, Geschäftsregeln in sprachlichsemantischer Form modelliert. Die Modelle unterscheiden sich dadurch in der Art ihrer Zusammensetzung aus verschiedenen Modellbausteinen.

- Geschäftsprozesse beschreiben, wie etwas, Geschäftsregeln hingegen was geschehen soll, es werden also unterschiedliche Modellierungszwecke verfolgt. Während SBVR-SE insbesondere modale Aussagen über Mögliches und Erlaubtes unterstützt, werden im Rahmen der BPMN Prozessverläufe unter gegebenen Bedingungen zwingend vorgeschrieben, mithin ausschließlich Pflichten im Sinne der SBVR modelliert.

Um in einem ersten Schritt die Problematik unterschiedlicher Notationsformen zu überwinden, schlagen CHENG/SADIQ/INDULSKA die Transformation der grafischen BPMN-Notation in das Austauschformat der XML Process Definition Language (XPDL), einer Ausführungssprache für Geschäftsprozesse vor. Im zweiten Schritt werden die in XPDL übertragenen Modellbausteine „Event", „Gateway" und „Activity" auf entsprechende SBVR-SE-Aussagen abgebildet. Drittens werden die in SBVR-SE formulierten Geschäftsregeln anhand der verwendeten Bausteintypen maschinell der zugehörigen BPMN-Aktivität zugeordnet, und dort als sog. Annotation hinterlegt („Annotationsmethode"). Schließlich erfolgt eine Transformation des annotierten BPMN-Diagramms aus dem XPDL-Format in SBVR-SE-Aussagen (Transformationsmethode)[353]. Auch wenn sich einige Aspekte der jeweils einen Modellierungssprache nicht auf die jeweils andere abbilden lassen, erachten CHENG/SADIQ/INDULSKA den Nachweis der Machbarkeit einer maschinell unterstützten Integration zweier Sprachen als erbracht[354].

Eine dedizierte Untersuchung der Modellierungssprachen BPMN und SBVR findet sich schließlich bei KÖHLER, die deren Ausdrucksmächtigkeit anhand der sieben Szenarien eines „Prozess-Regel-Kontinuums" beurteilt. Die Szenarien des Kontinuums unterscheiden sich

---

[350] Seit 2011 „Business Process Model and Notation"
[351] Vgl. ZUR MÜHLEN/INDULSKA/KAMP (2007), S. 128-131
[352] Vgl. CHENG/SADIQ/INDULSKA (2011), S. 13 f.
[353] Vgl. CHENG/SADIQ/INDULSKA (2011), S. 17-19
[354] Vgl. CHENG/SADIQ/INDULSKA (2011), S. 21

dabei durch das Ausmaß, in dem Geschäftsregeln die Steuerung des Geschäftsprozesses übernehmen[355]:

Szenario 1 entspricht dabei dem Fall einer ausschließlich impliziten Regelmodellierung innerhalb der Geschäftsprozessmodellierung. In den Szenarien 2 bis 4 werden strukturelle, d. h. Berechnungs- und Inferenzregeln in die Prozesssteuerung eingebunden, die sich jedoch in der Menge und Reichweite der zugrundeliegenden Begriffe und Fakten unterscheiden. In Szenario 5 werden zusätzlich grob, in Szenario 6 feiner gegliederte Teilprozesse durch operative Regeln situativ kombiniert. Szenario 7 ist schließlich dadurch gekennzeichnet, dass jede Prozessinstanz individuell durch eine gegebene Regelmenge gesteuert wird, die sich zudem selbständig und fortlaufend an geänderte Rahmenbedingungen anpasst.

**Tab. 19:** Regelklassen in den Szenarien des Prozess-Regel-Kontinuums nach *KÖHLER*[356]

| Verwendete Regelklassen | Sz. 1 | Sz. 2 | Sz. 3 | Sz. 4 | Sz. 5/6 | Sz. 7 |
|---|---|---|---|---|---|---|
| Einfache bereichsspezifische Regeln (wenige Konstrukte betreffend) | Keine | Einige | Viele | Viele | Viele | Viele |
| Komplexe bereichsspezifische Regeln (viele Konstrukte und auch historisierte Informationen betreffend) | Keine | Keine | Viele | Viele | Viele | Viele |
| Bereichsübergreifende „Meta"-Regeln (insb. die Ziele einer Organisation betreffend) | Keine | Keine | Keine | Einige | Viele | Viele |
| Operative Regeln | Nein | Nein | Nein | Nein | Ja | Ja |
| Sich selbständig und dynamisch anpassende Regeln | Nein | Nein | Nein | Nein | Nein | Ja |

*KÖHLER* adressiert nun die Frage, ob diese Szenarien, die sich auch als Implementierungsalternativen von BRMS und Business Process Management Systemen (BPMS) interpretieren lassen, durch BPMN und SBVR adäquat dargestellt werden können. Die Prozessmodelle der BPMN betreffend stellt sie fest, dass diese nur zur Darstellung der Szenarien 1 bis 4 geeignet sind, in denen auf die Anwendung struktureller Regeln bei grundsätzlich starrem Prozessverlauf verwiesen wird. Zur Modellierung der volatilen Prozessverläufe in den Szenarien 5 bis 7 kommen eher die sog. Konversationsmodelle der BPMN in Betracht, die über das exakte Zusammenspiel von Prozessen und Regeln jedoch ebenfalls keinen Aufschluss geben[357].

Aber auch die SBVR sind zur Modellierung der Szenarien 5 bis 7 nicht geeignet, da sie letztlich nur spezifizieren, wie operative Geschäftsregeln in deklarativer Art zu formulieren sind. Wie diese Regeln letztlich Prozesse steuern oder mit prozesssteuernden Systemkomponenten kommunizieren, kann mit den gegebenen Mitteln der SBVR-Metamodelle nicht modelliert werden[358].

---

[355] Vgl. *KÖHLER* (2011), S. 3-5
[356] Vgl. *KÖHLER* (2011), S. 6
[357] Vgl. *KÖHLER* (2011), S. 12 f.
[358] Vgl. *KÖHLER* (2011), S. 14

## 6.4 Methodenspektrum der analysierten Artikel

Unter den im Rahmen dieser Arbeit analysierten Artikeln wurden insgesamt 18 Beiträge identifiziert, die sich schwerpunktmäßig mit dem Aspekt der Modellierung befassen. Teilt man den Aspekt der Modellierung in Anlehnung an den Aufbau dieses Kapitels weiter auf, so ist zunächst festzustellen, dass sechs Beiträge unabhängige Formen der Geschäftsregelmodellierung adressieren. OVERBEEK/JANSSEN/VAN BOMMEL und HALPIN stellen konkrete Vorschläge für eine Darstellung bestimmter Geschäftsregelklassen in Anlehnung an die SBVR vor, und zielen dabei bereits auf eine Transformation in formale Repräsentationsformen[359]. Vor dem Hintergrund dieser konstruktionsorientierten Zielsetzung wurden ihre Beiträge der Methode des Prototyping zugeordnet.

Eine formale Analyse der Ausdrucksmächtigkeit von Entscheidungstabellen findet sich bei VANTHIENEN, wobei sich der formale Charakter seines Beitrags vor allem auf die Frage konzentriert, wie Geschäftsregeln durch den formalen Charakter von Entscheidungstabellen auf das Vorliegen von Regelanomalien geprüft werden können[360]. Semiformalen Charakter besitzt der Beitrag von KNOLMAYER/ENDL/PFAHRER, indem er die Einsatzmöglichkeiten der ECA-Notationsform zur Modellierung zeitlich-logischer Ablaufformen in allgemeingültiger Weise aufzeigt[361].

Ferner wurden drei Artikel identifiziert, die sich mit der Einbindung von Geschäftsregeln in UML befassen. REGEV/WEGMANN kombinieren mehrere Formalisierungsgrade deduktiver Analyse, indem sie die Notwendigkeit einer integrierten Darstellung von Geschäftsregeln und unternehmerischen Zielen in Anwendungsfalldiagrammen zunächst in argumentativer Form herleiten, um diesen Ansatz sodann am Beispiel einer konkreten Modellierung zu demonstrieren[362]. VASILECAS/LEBEDYS gehen in argumentativer Weise auf die Frage ein, wie Geschäftsregeln zugleich dezentral in Anwendungsfalldiagrammen modelliert und in einem zentralen Repository gespeichert werden können. BRÜCHER/ENDL analysieren – ebenfalls in vorwiegend sprachlich-argumentativer Weise – mögliche geschäftsregelbasierte Erweiterungsformen der UML zur Prozessmodellierung[363].

Als weiterer Forschungsschwerpunkt ist schließlich die Integration der Geschäftsregel- in Methoden der Geschäftsprozessmodellierung zu nennen. Zu diesem Teilaspekt konnten mit insgesamt 7 Beiträgen die im Vergleich intensivsten Forschungsaktivitäten verzeichnet werden. Das Methodenspektrum ist dabei sehr breit gefächert und reicht – wie bereits anhand der Beiträge von KÖHLER, ZUR MÜHLEN/KAMP/INDULSKA und CHENG et al. ausführlich dargestellt, von vorwiegend argumentativ-deduktiven und formalen Analysen bis hin zur Erstellung konkreter Prototypen[364].

Schließlich bleibt mit dem Artikel von GREEN/ROSEMANN derjenige Beitrag hervorzuheben, dem als einzigem unter den 50 ausgewerteten die Forschungsmethode der Querschnittsanalyse zugrunde lag. Mit Blick auf das gesamte Forschungsfeld der Geschäftsregelmodellierung

---

[359] Vgl. OVERBEEK/JANSSEN/VAN BOMMEL (2010), 289 und HALPIN (2007), S. 206
[360] Vgl. VANTHIENEN (o. J.), S. 6
[361] Vgl. KNOLMAYER/ENDL/PFAHRER (2000)
[362] Vgl. REGEV/WEGMANN (2001)
[363] Vgl. BRÜCHER/ENDL (2002)
[364] Vgl. Kap. 6.3.2

ist ferner anzumerken, dass mit den Beiträgen von ZUR MÜHLEN/KAMP/INDULSKA, HERBST et al. und GREEN/ROSEMANN gleich drei Ansätze identifiziert wurden, deren Forschungszweck auf die kritische Bewertung vorhandener Modellierungsmethoden gerichtet ist.

# 7 Die Implementierung von Geschäftsregeln

## 7.1 Klassifikationen von Softwarekomponenten und -systemen

Der Begriff der Implementierung beschreibt die Überführung eines geplanten bzw. modellierten Systems in ein reales, funktionsfähiges, sowie die dazugehörige Phase des Softwareentwicklungsprozesses[365]. Als Ziele der Implementierung geschäftsregelbasierter Systeme werden in der Literatur zum einen allgemeine Qualitätsmerkmale von Softwaresystemen, z. B. Performance, Skalierbarkeit oder Anwenderfreundlichkeit, diskutiert[366]. Im Zentrum des Interesses steht jedoch vor allem die Frage, wie die in Kapitel 4.3.3 vorgestellten Anforderungen des Business Rules-Ansatzes, allen voran die Steigerung der IT-Agilität, mit technischen Mitteln umgesetzt werden können.

Ein Hauptanliegen des ganzheitlichen Business Rules-Ansatzes besteht in der vollständigen Explizierung sämtlicher Geschäftsregeln in einem Geschäftsregel-Repository, als Ausgangspunkt eines aktiven Geschäftsregel-Managements sowie einer möglichst automatisierten Übertragung der Regeln in ausführbaren Programmcode[367]. In analoger Weise skizzieren BOYER/MILI den Aufbau eines BRMS wie nachfolgend dargestellt:

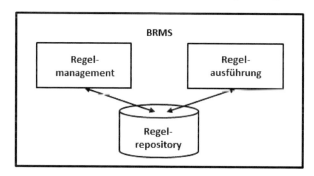

**Abb. 18:** Bestandteile eines BRMS in Anlehnung an *BOYER/MILI*[368]

Vor diesem Hintergrund wird in der Literatur zumeist zwischen zwei Softwarekomponenten unterschieden, die mit diesen Aufgabenbereichen korrespondieren: Rule Management Technologie umfasst grundsätzlich sämtliche Werkzeuge zur Verwaltung, Rule Execution Technologie diejenigen zur automatisierten Ausführung von Geschäftsregeln. Da insbesondere Rule Engines beide Aufgabenbereiche unterstützen, ist eine eineindeutige Zuordnung der Werkzeuge zu den beiden Aufgabenbereichen jedoch nicht immer möglich[369]. Daneben wird unter der Bezeichnung *„Rule Excavation Technologie"* vereinzelt eine dritte, eigenständige Softwarekomponente definiert, die die Identifikation von Geschäftsregeln aus bestehender Soft-

---

[365] Vgl. *MERTENS/BACK* (2001), S. 231
[366] Vgl. *BOYER/MILI* (2011), S. 186, *NAGL/ROSENBERG/DUSTDAR* (2006), S. 8 f.
[367] Vgl. Kap. 4.3.3.4
[368] Vgl. *BOYER/MILI* (2011), S. 14
[369] Vgl. *SCHACHER/GRÄSSLE (2006)*, S. 214 f.

ware unterstützt[370]. Da auf diesen Aspekt bereits in Kapitel 4.3.4 kurz eingegangen wurde, sollen nachfolgend nur die beiden erstgenannten Softwarekomponenten näher betrachtet werden.

Rule Execution Technologien sind danach zu unterscheiden, auf welcher logischen Schicht eines drei- oder vierstufigen Modells der Softwarearchitektur die Regelausführung erfolgt. *MORGAN* führt hierzu aus, dass die Implementation von Geschäftsregeln nicht etwa auf die mittlere Schicht der Geschäfts- oder Anwendungslogik beschränkt bleibt, sondern – an zweithäufigster Stelle - auch auf der Ebene der Datenhaltung, und schließlich sogar auf der anwendernahen Ebene der Präsentationsschicht in Betracht kommt [371]. *BAJEC/KRISPER* und *BOYER/MILI* führen hierzu aus, dass es innerhalb der Softwarearchitektur keine für alle Geschäftsregeln und Softwaresysteme gültige Empfehlung für die am besten geeignete Schicht der Implementierung geben kann, da es vielmehr auf die jeweilige Art der auszuführenden Regel und des Softwaresystems ankommt[372]. Hingegen unterteilt *VON HALLE* regelbasierte Systeme nach der die Regelausführung auslösenden Schicht ausschließlich in daten- und serviceorientierte Systeme, klammert folglich Aktivitäten auf der Präsentationsebene als Geschäftsregeln originär auslösende Momente aus[373].

| Softwarearchitektur | |
| --- | --- |
| *Schicht* | *Erläuterung* |
| Präsentationsschicht | Komponenten zur Interaktion mit dem Benutzer (z. B. Eingabemasken, Browser) |
| Integrations- /Steuerungssicht | Fakultative Schicht: Steuerung des Dialogs mit dem Benutzer und Kommunikation zwischen den Einzelsystemen der Anwendungsschicht ("Middleware") |
| Anwendungsschicht | Fachliche Funktionen des Anwendungssystems; greift auf Dienste der Datenhaltungsschicht zu (z. B. Methoden, Algorithmen, Anwendungsmodule) |
| Datenhaltungsschicht | Speicherung, Laden und Suchen von Daten in Datenbank- und Dateisystemen |

**Abb. 19:** Softwarearchitekturmodell in Anlehnung an *STROHMEIER*[374]

Aufgrund der Zunahme voneinander unabhängiger Einzelsysteme wurde mit der sog. Integrations- oder Steuerungsschicht eine vierte Schicht hinzugefügt, die die Kommunikation der verschiedenen Einzelsysteme mit der Präsentationsschicht sowie untereinander koordiniert. Breiten Raum nimmt in der Literatur schließlich die Frage ein, inwiefern diese Kommunikationsfunktion in horizontal und vertikal fragmentierten bzw. „verteilten[375]" Systemen durch Geschäftsregeln wahrgenommen werden kann.

---

[370] Vgl. *ENDL* (2004), S. 272 und *SCHACHER/GRÄSSLE (2006)*, S. 215
[371] Vgl. *MORGAN* (2002), S. 191-196
[372] Vgl. *BAJEC/KRISPER* (2005), S. 434 und *BOYER/MILI* (2011), S. 200 f.
[373] Vgl. *VON HALLE* (2001), S. 404 f. und 409
[374] Vgl. *STROHMEIER* (2008), S. 5
[375] Vgl. u. a. *LEHNER/SCHOLZ/WILDNER* (2008), S. 255

Innerhalb der Schichten des Architekturmodells wird schließlich danach unterschieden, durch welche technischen Mittel Geschäftsregeln zur Anwendung gebracht werden. Business Rule Engines stellen dabei nur eine von mehreren Alternativen dar[376]. Es wurde bereits darauf hingewiesen, dass der Business Rules-Ansatz zwar generell die explizite Modellierung der Geschäftsregeln in deklarativer Form, aber nur ein Teil der Autoren auch eine direkte Überführung dieser Modellierung in ausführbaren Code postuliert[377]: *BLASUM* verortet den entscheidenden Benefit des Business Rules-Ansatzes gerade in der Aufhebung der Trennung von Modellierung und Coding. Geschäftsregeln können in einheitlicher Form an zentraler Stelle und für alle beteiligten Akteure der IT- und Fachseite transparent erfasst und flexibel geändert werden[378]. *DATE* sieht den entscheidenden Vorteil vor allem in der „Eliminierung" aufwändiger und fehleranfälliger manueller Programmierung[379]. Auf der anderen Seite betonen etwa *BOYER/MILI* und *SCHACHER/GRÄSSLE*, dass, in Abhängigkeit von der Volatilität und Komplexität der Geschäftsregeln, deren Implementierung auch dezentral, z. B. als Trigger in DBMS oder prozedural ausprogrammierter Form in Applikationen sinnvoll oder sogar geboten sein kann[380]. Die Implementierung der Geschäftsregeln soll zwar grundsätzlich in möglichst homogener Weise erfolgen, kann aber auch verschiedene Lösungsansätze miteinander kombinieren[381].

Vor dem Hintergrund dieser divergierenden Sichtweisen werden nachfolgend auch die Möglichkeiten einer impliziten Programmierung von Geschäftsregeln in die Betrachtungen mit einbezogen.

## 7.2 Rule Execution Technologie

### 7.2.1 Regelausführung auf der Präsentationsebene

*DATE* reduziert die von ihm selbst vorgeschlagene Regelkategorie der Präsentationsregeln auf Festlegungen, wie – etwa in welcher Reihenfolge, Größe oder Schriftfarbe - eine Information einem Nutzer angezeigt werden soll. Er kritisiert, dass diese Anzeigefunktion von Informationssystemen zwar schon seit längerer Zeit in automatisierter Form erfüllt wird, Präsentationsregeln dem Geschäftsregelbegriff in der Literatur aber nicht subsumiert werden[382]. Gleichwohl geht er nicht auf die Frage ein, inwiefern auch syntaktische oder semantische Prüfungen der erfassten Daten auf der Ebene der Präsentationsschicht angesiedelt werden können.

*MORGAN* macht hingegen deutlich, dass die Präsentationsschicht geeignet ist, über die von *DATE* adressierten Gestaltungsfragen hinaus auch Integritätsbeschränkungen zu beherbergen. Indem Plausibilitätsprüfungen in Eingabefeldern direkt hinterlegt werden, erhält der Nutzer ein unmittelbares Feedback über die Regelkonformität der erfassten Daten, ohne ggf. fehlerhafte Daten zur Prüfung an die darunterliegenden Schichten übergeben zu müssen. Da große

---

[376] Vgl. *SCHACHER/GRÄSSLE (2006)*, S. 214
[377] Vgl. Kap. 4.3.3.4
[378] Vgl. *BLASUM* (2007)
[379] Vgl. *DATE* (2000), S. 7
[380] Vgl. *SCHACHER/GRÄSSLE (2006)*, S. 215 f. und *BOYER/MILI* (2011), S. 201 f.
[381] Vgl. *SCHACHER/GRÄSSLE (2006)*, S. 255
[382] Vgl. *DATE* (2000), S. 21 und *VON HALLE* (2001), S. 35

Informationssysteme über eine Vielzahl von Clients verfügen, muss jedoch bei Änderungen der Regeln durch Updates sichergestellt werden, dass auf jedem dieser Clients die jeweils aktuellen Fassungen installiert sind[383].

Plausibilitätsprüfungen können nach BOYER/MILI zum einen durch Verwendung einfacher Skriptsprachen fest programmiert werden. Nach SCHACHER/GRÄSSLE besteht hierbei die Möglichkeit, Skriptcode maschinell aus den Regeln des Rule Repository generieren zu lassen[384]. Zum Anderen besteht die Möglichkeit, bereits auf der Clientebene eine Rule Engine einzubetten, die in regelmäßigen Abständen, etwa bei jedem Neustart, die jeweils aktuellsten Regeln des zentralen BRMS abruft. Syntaktische Prüfungen, etwa zur Konformität der erfassten Zeichenfolgen mit bestimmten Datentypen, liegen als „Systemregeln" jedoch außerhalb des Aktionsradius von BRMS, sind daher ausschließlich auf der Ebene der Clients anzusiedeln[385].

## 7.2.2 Regelausführung auf der Applikationsebene

### 7.2.2.1 Die Funktionsweise von Rule Engines

MORGAN charakterisiert Rule Engines als spezialisierte Softwarekomponenten, deren einziger Zweck in der Abarbeitung von Regelmengen besteht[386]. In den 1980er Jahren aus der Technologie der Expertensysteme hervorgegangen, wurden sie in ihrer Nutzerfreundlichkeit, Skalierbarkeit und Leistungsfähigkeit nach und nach verbessert, und zunehmend in kommerziell verfügbare BRMS integriert[387].

Erläuterungen zu den typischen Komponenten und der Funktionsweise einer Rule Engine finden sich u. a. bei ENDL und NAGL/ROSENBERG/DUSTDAR[388]:

- Ein Regelsatz gruppiert die Menge der für eine konkrete Anwendung auszuführenden Regeln, und bildet damit die Schnittstelle zum Geschäftsregel-Repository. Dort liegen die Geschäftsregeln in einer Regelbeschreibungssprache - etwa in Form der in Kapitel 6.2.2.2 vorgestellten Regelschablonen – vor, aus der sie in eine interne, maschinenlesbare Form übersetzt und in die Rule Engine übertragen werden[389]. Als formale Spezifikationssprachen für Ontologien und Geschäftsregeln werden dabei zunehmend Standards wie OWL, RuleML oder SWRL diskutiert, die aus der Semantic Web-Initiative hervorgegangen sind[390]. Grundsätzlich kommen aber auch alle anderen Programmiersprachen in Betracht[391].

- Ein Arbeitsspeicher („working memory") beinhaltet die Daten- bzw. Objektmenge, auf der die Geschäftsregeln ausgeführt werden.

---

[383] Vgl. MORGAN (2002), S. 192
[384] Vgl. Kap. 7.2.2.1
[385] Vgl. BOYER/MILI (2011), S. 201
[386] Vgl. MORGAN (2002), S. 207
[387] Vgl. BOYER/MILI (2011), S. 150 und PASCHKE/KOZLENKOV (2008), S. 1411
[388] Vgl. NAGL/ROSENBERG/DUSTDAR (2006), S. 2; ENDL (2004), S. 267
[389] Vgl. MORGAN (2002), S. 207, CHISHOLM (2004), S. 63
[390] Vgl. PASCHKE/KOZLENKOV (2008), S. 1417 und 1419 und GOLBREICH (2004), S. 6
[391] Vgl. MORGAN (2002), S. 297

- Ein Regelagent („*pattern matcher*") identifiziert die konkret auszuführenden Regeln, im Falle der Vorwärtsinferenz anhand ihrer Bedingungs-, im Falle der Rückwärtsinferenz anhand ihrer Konklusionsteile.

- Die Steuerungsfunktion übernimmt schließlich ein Kontrollmechanismus, der zum einen mit Systembestandteilen außerhalb der Rule Engine kommuniziert, indem er Nachrichten und Informationen sendet und empfängt, und der zum Anderen die sog. Agenda, einen Ablaufplan für die Reihenfolge der auszuführenden Regeln generiert[392].

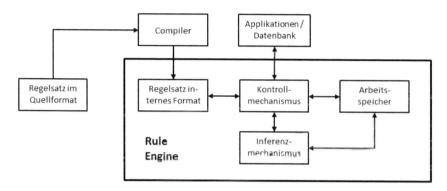

**Abb. 20:** Rule Engine in Anlehnung an *MORGAN*[393]

Eine detaillierte Beschreibung, nach welchen Kriterien verschiedene Algorithmen des Kontrollmechanismus diese Reihenfolge bestimmen, findet sich bei *BOYER/MILI*[394]: Während im Rahmen des RETE-Algorithmus zunächst alle Regeln geprüft, und alle zutreffenden dann im Sinne einer Stapelverarbeitung ausgeführt werden, erfolgt die Ausführung bei Anwendung des sequentiellen Algorithmus sofort nach erfolgreicher Prüfung. Dabei kann jede Regelausführung Mutationen des Datenbestandes bewirken, die sich auf die Ergebnisse der folgenden Regeln, und damit auf den letztendlichen Output auswirken.

Bsp.: *Auf die Zeichenfolge ABC sollen die Regeln <AB → CD> und <BC → DE> angewendet werden. Durch sofortige Anwendung der erstgenannten Regel würde die Zeichenfolge zu „CDC" mutiert, so dass die zweitgenannte Regel nicht mehr zur Anwendung käme. Im umgekehrten Fall würde das Ergebnis der Zeichenfolge „ADE" lauten.*

Vor diesem Hintergrund wird erörtert, in welcher Reihenfolge die Regeln im Falle der Stapelverarbeitung verarbeitet, und in welcher sie im Falle der sofortigen Ausführung geprüft werden sollen. Die Festlegung entsprechender Prioritäten wird als Konfliktlösungsstrategie bezeichnet[395].

[392] Vgl. *MORGAN* (2002), S. 207 f.
[393] Vgl. *MORGAN* (2002), S. 208
[394] Vgl. *BOYER/MILI* (2011), S. 152-154
[395] Vgl. *BOYER/MILI* (2011), S. 153 und *NAGL/ROSENBERG/DUSTDAR* (2006), S. 2; vgl. auch Kap. 4.3.4

### 7.2.2.2 Integrationsformen von Rule Engines

*BOYER/MILI* unterscheiden zwei grundsätzliche Arten, Rule Engines in die Applikationsschicht zu integrieren: Zum einen besteht die Möglichkeit, die Rule Engine vom BRMS entkoppelt in eine Applikation fest einzubinden. Die Bereitstellung der Regelsätze und benötigten Daten wird dabei durch die Applikation gesteuert, das BRMS wird auf die Funktion des Repository reduziert.

Zum Anderen kann die Regelausführung einer Rule Engine als Service eines Rule Execution Servers in einem verteilten System aufgefasst werden[396]. Serviceorientierte regelbasierte Systeme sind nach *VON HALLE* im Gegensatz zu datenorientierten Systemen dadurch gekennzeichnet, dass Geschäftsregeln nicht durch Veränderungen auf der Datenbank, sondern durch aufrufende Applikationen aktiviert werden[397]. Dabei bietet die Rule Engine den Applikationen als eigenständige Systemkomponente die Ausführung von Geschäftsregeln als Dienstleistung an. Da ihr Aufruf in die Ausführung des Geschäftsprozesses eingebettet ist, sind serviceorientierte Systeme stärker als datenorientierte an Abläufen ausgerichtet[398]. Die Kommunikation zwischen Applikation und Rule Engine erfolgt über eine Programmierschnittstelle (*„application programming interface"*, API)[399].

*SCHACHER/GRÄSSLE* unterteilen Servicearchitekturen nach der Art und Weise, in der die benötigten Daten in den Arbeitsspeicher der Rule Engine gelangen, in Pull- und Push-Architekturen[400]:

- Im Rahmen der Push-Architektur werden die Daten sowie die dazugehörige Anfrage nacheinander von der Applikation via API an die Rule Engine übertragen, und von dort letztlich das Ergebnis der Regelausführung an die Applikation zurückgeliefert. Als nachteilig wird dabei der Umstand beschrieben, dass in den Applikationen fest codiert werden muss, welche Daten im Falle welcher Anfrage an die Rule Engine zu übertragen sind, dass nicht alle dieser Daten zwangsläufig auch benötigt werden, und sich der Umweg der Daten über die Applikation zudem negativ auf die Performance auswirkt.

- Im Gegensatz hierzu wird bei der Pull-Architektur nur die Anfrage durch die Applikation übermittelt, die zu deren Beantwortung benötigten Daten werden von der Rule Engine bedarfsgerecht und direkt aus der Datenbank erhoben.

Die Servicearchitektur zeichnet sich gegenüber der Generator-Architektur vor allem durch die Eigenständigkeit der Rule Engine aus, wodurch auch bestehende Applikationen unter Vornahme bestimmter Änderungen eingebunden werden können. Da die Geschäftsregeln auch zur Laufzeit vorhanden sind, besteht die Möglichkeit, durch deren Analyse das Zustandekommen bestimmter Entscheidungen nachträglich nachzuvollziehen. Einen Nachteil sehen *SCHACHER/GRÄSSLE* insbesondere in der Umsetzung von Integritätsbeschränkungen, da es letztendlich der aufrufenden Applikation überlassen bleibt, auf Grundlage der empfangenen

---

[396] Vgl. *BOYER/MILI* (2011), S. 196 f. und Kap. 7.2.2.2
[397] Vgl. *VON HALLE* (2001), S. 405
[398] Vgl. *ENDL* (2004), S. 272 f.
[399] Vgl. *MORGAN* (2002), S. 208
[400] Vgl. *SCHACHER/GRÄSSLE (2006)*, S. 239 f.

Ergebnisse Mutationen auf der Datenbank auszuführen, die Rule Engine theoretisch sogar umgangen werden kann[401].

Eine Integrationsform von Rule Engines, die eng mit dem MDA-Ansatz korrespondiert, wird bei *SCHACHER/GRÄSSLE* als „Generatorarchitektur" bezeichnet. Hierbei wird durch einen Regel-Compiler aus den Geschäftsregeln des Repository konventioneller Programmcode der Applikation generiert, so dass die Geschäftsregeln zur Laufzeit aus technischer Sicht keinen eigenständigen Systembestandteil mehr darstellen. Die Generatorarchitektur lässt sich grundsätzlich auf alle Regelklassen anwenden, und bietet, da die zusätzliche Kommunikation mit einer Rule Engine zur Laufzeit entfällt, eine gute Performance. Andererseits attestieren ihr *SCHACHER/GRÄSSLE* geringe Flexibilität, da bei jeder Regeländerung eine vollständige Neugenerierung der Applikation erforderlich wird. Insofern kann die Entwicklungsmethode des MDA auch nicht zur Anpassung bestehender Systeme angewandt werden[402].

Mit Blick auf die Volatilität von Geschäftsregeln erachten *SCHACHER/GRÄSSLE* die Servicearchitektur der Generatorarchitektur bei häufigen Änderungen als überlegen, da sie eine flexible Änderung einzelner Geschäftsregeln zulässt, ohne umfassende Änderungen an den Applikationen vornehmen zu müssen. Für Anwendungsbereiche von mittlerer Volatilität sind in Anbetracht ihrer geringeren Komplexität und besseren Performance tendenziell eher Generatorarchitekturen zu bevorzugen. Bei niedriger Volatilität stellt hingegen die klassische Ausprogrammierung die praktikabelste Lösung dar[403].

Da eine Servicearchitektur die inkrementelle Änderung einzelner Geschäftsregeln auf der Ebene des Rule Repository, und deren sofortige automatisierte Einbindung in die Applikationslogik zulässt, kann die Entwicklungsphase der Implementierung eliminiert und diejenige des Tests auf einige wenige Prüfungen der Fachseite reduziert werden[404].

### 7.2.3 Regelausführung auf der Steuerungsebene

In Kapitel 7.2.2.2 wurde u. a. beschrieben, wie eine Rule Engine als eigenständige Softwarekomponente eines serviceorientierten Systems mit einer einzelnen Anwendung korrespondieren kann. Verglichen mit dem bei *KÖHLER* vorgestellten Prozess-Regel-Kontinuum ist diese Konfiguration - der Menge und Reichweite der eingebundenen Regeln, Begriffe und Fakten entsprechend - den Szenarien 2 bis 4 zuzuordnen, da die Steuerung des Prozesses überwiegend anwendungsseitig erfolgt. Ab Szenario 5 existieren hingegen „Meta-Regeln", die diese Steuerung übernehmen[405].

In der gesichteten Literatur fanden sich vergleichsweise zahlreiche Beiträge, in denen die Implementation derartiger Szenarien thematisiert wird. Ausgangspunkt bildet dabei regelmäßig die Feststellung, dass BPEL und andere gängige Sprachen zur Komposition von Diensten, insbesondere von Webservices, lediglich die Spezifikation von Prozessen als monolithischem Block erlauben. Zwar kann eine Workflowspezifikation grundsätzlich als Implementations-

---

[401] Vgl. *SCHACHER/GRÄSSLE (2006)*, S. 234
[402] Vgl. *SCHACHER/GRÄSSLE (2006)*, S. 237 f.
[403] Vgl. *SCHACHER/GRÄSSLE (2006)*, S. 242
[404] Vgl. *BOYER/MILI* (2011), S. 23 und *ENDL* (2004), S. 257 f.
[405] Vgl. *KÖHLER* (2011), S. 4 f.

form von Geschäftsregeln interpretiert werden[406]. Mit der mangelnden Modularität ihrer Prozessteile geht jedoch mangelnde Flexibilität einher, sobald geänderte Rahmenbedingungen Änderungen der Servicekomposition verlangen. Geschäftsregeln sind bestimmten Aktivitäten des Kontrollflusses zugeordnet, und damit als unselbständige Systembestandteile schwer zu steuern und aktiv zu verwalten[407].

Ein theoretischer Ansatz zur Flexibilisierung der Komposition von Webservices, der sich an den Elementen der Prozessspezifikationssprachen orientiert, wurde 2003 von ORRIËNS/YANG/PAPAZOGLOU vorgestellt: Ausgangspunkt bilden darin neben den zu verknüpfenden Webservices – von den Autoren als „Aktivitäten" bezeichnet - die weiteren Kompositionselemente Bedingung, Ereignis, Kontrollfluss, Nachricht (bzw. Information), Provider (bzw. menschliche und maschinelle Ressourcen) und Rolle, die in ihrer Gesamtheit alle Aspekte des Geschäftsprozesses abbilden. Es wird davon ausgegangen, dass sich alle Interaktionen zwischen diesen Elementen durch Geschäftsregeln formulieren lassen. Dementsprechend werden die Kompositionselemente und die sie verbindenden Geschäftsregeln zunächst in separaten Repository gespeichert[408].

Hierauf aufbauend wird eine Architektur vorgeschlagen, die eine automatisierte Komposition in mehreren, konkretisierenden Schritten unterstützt. Im ersten Schritt wird eine Nutzeranfrage an einen Kompositionsmechanismus („composition engine") gerichtet, der aus den verfügbaren Geschäftsregeln und Aktivitäten zunächst eine abstrakte Komposition erstellt. Im weiteren Verlauf werden den zu integrierenden Aktivitäten nach und nach alle weiteren Elemente, insbesondere konkrete Service Provider zugeordnet, und schließlich eine ausführbare Software generiert[409].

Ähnlich wie bei der in Kapitel 7.2.2.2 vorgestellten Generatorarchitektur wird die geforderte Kapselung von Geschäftsregeln durch den von ORRIËNS/YANG/PAPAZOGLOU skizzierten Kompositionsansatz nur im Rahmen der Softwareentwicklung, nicht jedoch zur Laufzeit realisiert. Im Vergleich zu Prozessspezifikationssprachen wird jedoch ein höheres Maß an Flexibilität erreicht, da alle Prozesselemente durch Geschäfts- bzw. „Kompositionsregeln" nach dem „Plug and Play" - Prinzip miteinander verbunden werden können.

CHARFI/MEZINI orientieren sich ebenfalls an den Ausdrucksmöglichkeiten der BPEL, fokussieren in ihren Betrachtungen zur Flexibilisierung durch Geschäftsregeln jedoch nur solche Regeln, die an mehreren Stellen im Prozess (oder in unterschiedlichen Prozessen) implementiert werden müssen bzw. über mehrere Webservices miteinander verwoben sind (Cross-Cutting-Concern). Ihr hybrider Ansatz zielt auf eine Kombination von Geschäftsprozess- und –regelspezifikationen, da sie einen rein regelbasierten Ansatz als weniger übersichtlich erachten[410]. Dabei wird mit AO4BPEL eine aspektorientierte Erweiterung der BPEL eingeführt, die es erlaubt, jede Geschäftsregel einem sog. *Aspekt* zuzuordnen. Aspekte verbinden mehrere *Join Points*, ausgewählte Aktivitäten in der Prozessausführung, mit zusätzlichen Spezifikationen, den sog. *Advices*. Advices legen fest, dass ein bestimmtes Verhalten vor, nach oder an

---

[406] Vgl. MORGAN (2002), S. 219

[407] Vgl. CHARFI/MEZINI (2004), S. 30 f. und 33, PASCHKE/KOZLENKOV (2008), S. 1409, ORRIËNS/YANG/PAPAZOGLOU (2003), S. 52

[408] Vgl. ORRIËNS/YANG/PAPAZOGLOU (2003), S. 16-20

[409] Vgl. ORRIËNS/YANG/PAPAZOGLOU (2003), S. 21

[410] Vgl. CHARFI/MEZINI (2004), S 32 f.

Stelle der mit dem Join Point verbundenen Aktivität erfolgen soll. Die Integration von Aspekten in bestehenden Code wird als *weaving* bezeichnet[411].

*CHARFI/MEZINI* zeigen auf, dass Join Points mit dem Bedingungs-, Advices hingegen mit dem Konklusionsteil von Regeln korrespondieren, und sowohl aktionsauslösende Regeln, als auch Integritätsbeschränkungen und Berechnungsregeln damit spezifiziert werden können. Zur Spezifikation aufeinander aufbauender Inferenzregeln erachten sie jedoch Rule Engines als besser geeignet, da diese anders als aspektorientierte Programmierung speziell für das Ziehen logischer Schlussfolgerungen aus großen Regelmengen konzipiert sind. Als weiterer Nachteil wird angeführt, dass Geschäftsregeln in AO4BPEL nicht automatisiert in ausführbaren Code übersetzt, sondern einzeln manuell programmiert werden müssen[412].

*NAGL/ROSENBERG/DUSTDAR* erkennen in der mangelnden Standardisierung formaler Regelbeschreibungssprachen und Schnittstellen das hauptsächliche Hindernis für die Anwendung des Business Rules-Ansatzes auf verteilte Systeme. Da die Regeln einer Rule Engine infolgedessen ausschließlich lokalen Applikationen zur Verfügung stehen, ist deren Wiederverwendbarkeit im Sinne eines Webservices nicht gegeben. Mit der Vienna Distributed Rules Engine (ViDRE) wurde daher der Prototyp einer serviceorientierten Architektur realisiert, in der die Ausführung von Geschäftsregeln am Beispiel einer Lieferkette durch mehrere heterogene Rule Engines erfolgt, die, eingebettet in Service Provider, über RuleML miteinander kommunizieren. Die Service Provider repräsentieren dabei die vernetzten Akteure Händler, Zulieferer und Hersteller[413].

ViDRE unterstützt eine verteilte Regelausführung, bei der im Fall der Vorwärts-Inferenz die Konsequenz, und im Fall der Rückwärts-Inferenz die Prämisse von einer zweiten Rule Engine ausgeführt bzw. geprüft wird. Im Fall der Vorwärts-Inferenz wird der Aufruf der zweiten Rule Engine durch Meta-Regeln innerhalb der Geschäftsregel-Codierung gesteuert, die auf den ausführenden Service Provider verweisen. Im Fall der Rückwärts-Inferenz werden Meta-Regeln implementiert, um benötigte Fakten von anderen Service Providern anzufordern. Im Ergebnis wird sowohl die Ausführung der durch Clients initiierten Prozessinstanzen (Kundenaufträge), als auch die Steuerung dieser Ausführung durch verschiedene Rule Engines allein mittels Geschäfts- und Metaregeln erreicht. Die Zuordnung der verteilten Regeln zu Service Providern ist jedoch manuell vorzunehmen[414].

*NAGL/ROSENBERG/DUSTDAR* vergleichen ViDRE mit nicht-regelbasiert implementierten Webservices und attestieren ihrem Prototypen Vorteile hinsichtlich der Veränderlichkeit, Erweiterungsfähigkeit und Wiederverwendbarkeit der spezifizierten Geschäftsregeln. Minimale Einbußen wurden lediglich bei den Messungen der Performance festgestellt. Indem verteilte regelbasierte Systeme um weitere Service Provider mit denselben Regelsätzen erweitert werden können, ist schließlich auch das Qualitätsmerkmal der Skalierbarkeit erfüllt[415]. Auch

---

[411] Vgl. *CHARFI/MEZINI* (2004), S 34
[412] Vgl. *CHARFI/MEZINI* (2004), S. 34 f.
[413] Vgl. *NAGL/ROSENBERG/DUSTDAR* (2006), S. 1 f.
[414] Vgl. *NAGL/ROSENBERG/DUSTDAR* (2006), S. 6 f.
[415] Vgl. *NAGL/ROSENBERG/DUSTDAR* (2006), S. 8 f.

*BOYER/MILI* verweisen auf diese generelle Möglichkeit zur Vergrößerung eines Rule Engine Pools[416].

Auch *PASCHKE/KOZLENKOV* stellen einen Ansatz vor, in dem Rule Engines als „verteilte Agenten" in komplexen Informationssystemen interagieren. Die Ausführung des Geschäftsprozesses beruht dabei auf den Prinzipien des Complex Event Processing (CEP), wonach Aktionen in Abhängigkeit von atomaren oder komplexen Ereignissen und Zustandsveränderungen ausgeführt werden[417]. Zur Implementierung eines solchen, ereignisgesteuerten Prozesses schlagen *PASCHKE/KOZLENKOV* die Verwendung sog. *Messaging Reaction Rules* vor, die untereinander Nachrichten austauschen, und den Empfang einer Nachricht intern als Ereignis, den Versand hingegen als Aktion interpretieren[418]. Neben oder anstelle von abgehenden Nachrichten kann sich die Reaktion einer Regel über Schnittstellen aber auch an andere Systembestandteile richten, und z. B. im direkten Aufruf von Methoden einer Objektklasse oder in Manipulationen auf der Datenbank manifestieren. Auf diese Weise lassen sich alle Regelklassen und, darauf aufbauend, komplexe Verhandlungsprozesse zwischen Rollenträgern darstellen, die durch Agenten repräsentiert werden[419].

Wie bereits von *NAGL/ROSENBERG/DUSTDAR* realisiert, schlagen auch *PASCHKE/KOZLENKOV* den Einsatz von RuleML als universell geeignetes Format für den Austausch von Nachrichten zwischen den Rule Engines der Agenten vor. Die Steuerung der Aktionen und des Informationsflusses zwischen den Diensten erfolgt jedoch nicht durch Meta-Regeln, sondern, in engerer Anlehnung an die Prinzipien des SOA-Paradigmas, durch einen ESB[420]. Graham sieht in BRMS und SOA „parallele und komplementäre Technologien", die, gemeinsam angewandt, sowohl für die IT- als auch für die Fachseite eine zentrale, flexible und unabhängige Verwaltung der Geschäftslogik ermöglichen[421]. Kritisierten *KOVACIC/GROZNIK* 2004 noch die mangelnde Kompatibilität prozess- und regelbasierter Spezifikationssprachen, wurden unter dem steigenden Einfluss der Semantic Web-Initiative im weiteren Verlauf Vorschläge entwickelt, sowohl die Reihenfolge als auch die Vor- und Nachbedingungen der Prozessaktivitäten als Abfolge von Geschäftsregeln zu spezifizieren. Die vorgestellten Beiträge von *NAGL/ROSENBERG/DUSTDAR* und *PASCHKE/KOZLENKOV* können hierbei exemplarisch genannt werden.

*KOVACIC/GROZNIK* diskutieren schließlich den Einsatz sog. Enterprise Resource Planning (ERP-) Systeme zur Implementierung von Geschäftsprozess- und –regelmodellen, attestieren ihnen diesbezüglich jedoch nur eingeschränkte Eignung. Abweichungen des ERP-Systems von den fachlichen Anforderungen kann entweder durch Änderung der Anforderungen oder kostenintensives Customizing begegnet werden. Mit Ersterem wird dabei auf jegliche IT-Agilität, mit Letzterem auf die Standardisierungsvorteile des ERP-Systems verzichtet[422].

---

[416] Vgl. *BOYER/MILI* (2011), S. 197

[417] Vgl. *PASCHKE/KOZLENKOV* (2008), S. 1411

[418] Vgl. *PASCHKE/KOZLENKOV* (2008), S. 1413

[419] Vgl. *PASCHKE/KOZLENKOV* (2008), S. 1415

[420] Vgl. *PASCHKE/KOZLENKOV* (2008), S. 1418 und *NAGL/ROSENBERG/DUSTDAR* (2006), S. 9

[421] Vgl. *GRAHAM* (2007), S. 24 f.

[422] Vgl. *KOVACIC/GROZNIK* (2004), S. 566

## 7.2.4 Regelausführung auf der Datenhaltungsebene

Nach von Halle zeichnet sich ein datenorientiertes regelbasiertes System dadurch aus, dass die Regelausführung durch Transaktionen auf der Datenbank ausgelöst werden[423]. Wie bereits in Kapitel 4.2.3 dargestellt, wurden in DBMS bereits Geschäftsregeln implementiert, lange bevor der Begriff durch den Business Rules-Ansatz geprägt worden war. Nach *APPLETON* wird Daten erst dadurch eine Bedeutung verliehen, dass sie durch Regeln zueinander in Beziehung gesetzt werden[424]. *DATE* setzt das Entwerfen von Datenbanken mit dem Definieren von Integritätsbeschränkungen, Integritätsbeschränkungen wiederum mit Geschäftsregeln gleich[425]. Als Essenz des Relationenmodells siedelt er sie in der Schicht der Datenhaltung als dem folgerichtig passendsten Ort ihrer Implementierung an[426].

Um auf Objekte der Datenbank, d. h. auf Tabellen, Spalten und Felder einwirken zu können, müssen die Geschäftsregeln fest mit diesen assoziiert werden. Zur Realisierung dieser Assoziation kommen verschiedene Funktionen relationaler Datenbanken in Betracht, die durch die Manipulationsarten „insert", „update", „read" und „delete" ausgelöst werden können[427]:

- Dem Sammelbegriff „*Constraint*" werden eine Vielzahl von Prüfungen („*Checks*") der Datenbank subsumiert, die sich auf Wertebereiche von und Beziehungen zwischen Daten objekten beziehen. Als passive Integritätsbeschränkungen sichern sie den Datenbestand vor unzulässigen Zustandsveränderungen, lösen jedoch selbst keine Aktionen aus[428]. Constraints ergeben sich etwa aus vordefinierten Wertebereichen oder dem Erfordernis referentieller Integrität[429]. Ferner wird danach unterschieden, ob sie bei jeder Manipulation ausgeführt werden oder nur zu bestimmten Zeitpunkten, also vorübergehende Inkonsistenzen zulassen[430].

- *Stored Procedures* sind Module prozeduralen Codes, die durch das DBMS bei bestimmten Veränderungen auf der Datenbank ausgeführt werden. Sie werden insbesondere dazu verwendet, die vorgenommenen Änderungen gegen ausprogrammierte Regeln zu prüfen, und eine regelwidrige Transaktion ggf. rückabzuwickeln. Darüber hinaus können sie noch weitere Aktivitäten veranlassen, z. B. die Ausgabe von Fehlermeldungen[431].

- Darüber hinaus lassen sich aktionsauslösende Regeln innerhalb der Datenbank, aber auch über mehrere Datenbanken hinweg, über die bereits in Kapitel 4.2.3 vorgestellten *Trigger* realisieren. Im Gegensatz zu Stored Procedures werden Trigger nach dem ECA-Schema spezifiziert[432].

---

[423] Vgl. *VON HALLE* (2001), S. 433
[424] Vgl. *APPLETON* (1986), S. 86
[425] Vgl. *DATE* (2000), S. 114 f.
[426] Vgl. *DATE* (2000), S. 123
[427] Vgl. *MORGAN* (2002), S. 213
[428] Vgl. *DEMUTH/HUSSMANN/LOECHER* (2001), S. 105
[429] Vgl. *MORGAN* (2002), S 194 f. und Kap. 5.2.1
[430] Vgl. *DEMUTH/HUSSMANN/LOECHER* (2001), S. 107
[431] Vgl. *MORGAN* (2002), S. 217 f.
[432] Vgl. *DAYAL* (1988), S. 151

- In deduktiven DBMS werden Inferenzregeln schließlich durch sog. Sichten („*Views*")
realisiert. Eine Sicht bezeichnet eine virtuelle Relation, deren Inhalt nicht gespeichert,
sondern bei jedem Aufruf aus einer vordefinierten Datenbank-Abfrage berechnet wird[433].

Da die beschriebenen Methoden bereits vor Entstehung des Business Rules-Ansatzes geläufig
waren, sieht *MORGAN* dessen spezifischen Wertbeitrag für die Regelausführung in DBMS vor
allem in der Schaffung eines gemeinsamen Bezugsrahmens[434]. *SCHACHER/GRÄSSLE* weisen
hingegen darauf hin, dass aus den Geschäftsregelmodellen eines Rule Repository durch Compiler SQL-Code generiert werden kann, mit dem Views, Constraints und Stored Procedures
implementiert werden[435].

*APPLETON* schlug bereits im Jahr 1986 vor, zur Generierung ausführbaren Codes des internen
Schemas Geschäftsregelmodelle zu verwenden. Er weist darauf hin, dass Datenmodelle der
Analysephase, z. B. Entity-Relationship-Diagramme (ER-Diagramme), auf relationale Daten-
bankenmodelle nicht direkt abzubilden sind, da Entitäten mit den Inhalten normalisierter Tabellen nicht gleichgesetzt werden können. Er empfiehlt daher, aus den Einschränkungen (insb.
Kardinalitäten und Abhängigkeitsbeziehungen) und Abstraktionen (z. B. Generalisierungen)
des ER-Diagramms in einem ersten Schritt Geschäftsregeln abzuleiten. Diese werden mit den
Mitteln der Prädikatenlogik weiter verfeinert, und in einem zweiten Schritt Datenelementen
zugeordnet. Auf dieser Basis wird drittens das konzeptionelle Schema errichtet, aus dem
schließlich ausführbarer Code einer Datenbanksprache generiert werden kann[436].

Ein konkreter Ansatz, SQL-Sichten aus OCL-basierten Invarianten zu generieren, wurde 2001
von *DEMUTH/HUSSMANN/LOECHER* vorgestellt. Neben Ausführungen zur Durchführung dieses
Mappings werden auch verschiedene Strategien im Umgang mit fehlerhaften Datenmanipulationen diskutiert: Einerseits können Trigger spezifiziert werden, die die Sichten unmittelbar
nach jeder Manipulation auf Regelverletzungen überprüfen und etwaige Fehler auf der Datenbank korrigieren. Andererseits besteht die Möglichkeit, die Sicht - ohne weiteres Zutun des
DBMS - durch eine unabhängige Middleware-Komponente, etwa eine Applikation oder Rule
Engine, überprüfen zu lassen[437].

Architekturvarianten, die den Datenbanken der Datenhaltungsschicht eine Rule Engine mit
„Wächterfunktion" vorschalten, werden als „Schichtenarchitektur" bezeichnet[438]. *DATE* vergleicht die Funktion dieser Rule Engine mit der eines übergeordneten, unabhängigen DBMS,
das sich zum Zwecke der Datenspeicherung der untergeordneten bedient[439].

Da die Regelausführung in datenorientierten Systemen unmittelbar auf Ebene der Datenhaltung erfolgt, kann die Aufrechterhaltung der Datenkonsistenz grundsätzlich besser sichergestellt werden, als dies bei einer Regelausführung auf einer der übergeordneten der Fall ist.
Insbesondere im Falle der Einbindung einer Rule Engine als Webservice kann deren Umge-
hung durch eine Applikation nicht vermieden werden. Zudem attestieren *SCHACHER/GRÄSSLE*

[433] Vgl. *HERBST* (1997), S. 37 f.
[434] Vgl. *MORGAN* (2002), S. 195
[435] Vgl. *SCHACHER/GRÄSSLE (2006)*, S. 237 f.
[436] Vgl. *APPLETON* (1986), S. 88, 90 und 94
[437] Vgl. *DEMUTH/HUSSMANN/LOECHER* (2001), S. 106-108
[438] Vgl. *SCHACHER/GRÄSSLE (2006)*, S. 235
[439] Vgl. *DATE* (2000), S. 121

datenorientierten Systemen steigende Performance mit zunehmender Nähe der Regelspezifikationen zu den Datenobjekten, da Zeitverluste durch Datenübertragungen in die Applikations- oder Steuerungsschicht entfallen[440].

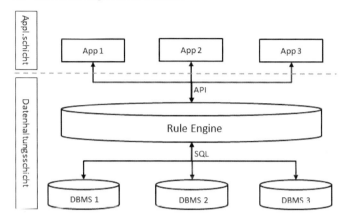

Abb. 21: Schichtenarchitektur in Anlehnung an *SCHACHER/GRÄSSLE* und *DATE*

*BOYER/MILI* verweisen jedoch auf den Umstand, dass Datenmanipulationen ihren Ursprung meist auf der Präsentationsschicht nehmen, eine Regelausführung auf der Datenhaltungsschicht einschließlich Rückmeldung an den Nutzer also mit größeren Umwegen verbunden ist, als dies bei einer Regelausführung auf der Präsentationsebene der Fall ist[441]. *ENDL* kritisiert, dass Geschäftsregeln, die durch Ereignisse in der Systemumwelt oder durch Benutzer-Interaktionen ausgelöst werden, im Rahmen datenorientierter Systeme nicht adäquat definiert werden können[442]. Besonders problematisch ist auf der Ebene der Datenhaltungsschicht die Abbildung von Regeln zur Steuerung prozessualer Abläufe, da die Steuerung der Ablauflogik überwiegend auf der Applikations- und Steuerungsschicht angesiedelt ist, und viele Aktivitäten – etwa die eines Instant-Messagers - auf der Datenbank keine Spuren hinterlassen[443].

Aus diesem Grunde wird nur von wenigen Autoren eine vollständige Konzentration der Implementierung von Geschäftsregeln auf der Datenhaltungsschicht postuliert[444]. *SCHACHER/GRÄSSLE* erachten eine Datenbank- oder Schichtenarchitektur nur dann als überlegen, wenn es sich bei der Mehrzahl der zu implementierenden Geschäftsregeln um Integritätsbeschränkungen handelt[445]. Überwiegend wird in der Literatur die Auffassung vertreten, dass die Regelausführung zwar so zentral wie möglich zu erfolgen hat, dabei aber durchaus verschiedene Implementationsformen in verschiedenen Schichten der Softwarearchitektur sinnvoll kombiniert werden können[446].

---

[440] Vgl. *SCHACHER/GRÄSSLE (2006)*, S. 236
[441] Vgl. *BOYER/MILI* (2011), S. 202
[442] Vgl. *ENDL* (2004), S. 271
[443] Vgl. *MORGAN* (2002), S. 174
[444] Vgl. *APPLETON* (1986), S. 88 und *DATE* (2000), S. 120 f.
[445] Vgl. *SCHACHER/GRÄSSLE (2006)*, S. 242
[446] Vgl. etwa *MORGAN* (2002), S. 197, *BAJEC/KRISPER* (2005), S. 434, und *SPENCER* (1998), S. 201

## 7.3 Rule Management Technologie

### 7.3.1 Begriffsdefinition und Systembestandteile

Wird durch Rule Execution Technologien vor allem die automatisierte Ausführung von Geschäftsregeln verfolgt, zielt Rule-Management-Technologie nach SCHACHER/GRÄSSLE auf deren Verwaltung[447]. ENDL subsumiert dem Geschäftsregelmanagement hingegen *„alle Aktivitäten und Strategien, die auf die Analyse und Modellierung, Implementierung und Automatisierung sowie auf die Anpassung und Weiterentwicklung von Geschäftsregeln und der sie unterstützenden Informationssysteme ausgerichtet sind"*[448]. Nach BAJEC/KRISPER besteht Geschäftsregelmanagement vor allem darin, Änderungen von Geschäftsregeln zu koordinieren[449]. BOYER/MILI unterscheiden zwischen „frühen" BRMS-Werkzeugen, die die Entwicklung eines regelbasierten Informationssystems von der Identifikationsphase ausgehend unterstützen, und „späten" BRMS-Werkzeugen, die der Verwaltung bereits existierender Geschäftsregeln dienen[450].

Nachfolgend soll einem engen Begriffsverständnis des Geschäftsregelmanagements gefolgt werden, das weder Aktivitäten der Regelausführung noch der Projektierung regelbasierter Systeme einschließt. Geschäftsregelmanagement im hier verstandenen Sinne umfasst nur solche Aktivitäten, die zur Verwaltung der Geschäftsregeln eines BRMS im laufenden Betrieb von Interesse sind.

Wie bereits in Kapitel 4.3.3.4 erwähnt, wird im Gegensatz zur automatisierten Ausführung von Geschäftsregeln deren zentrale Speicherung in einem Repository von vielen Autoren als eine der entscheidenden Anforderungen des Business Rules-Ansatzes angesehen[451]. In kommerziellen BRMS stellt das Repository die Regelbasis der Rule Engine dar. Kommt neben dem Repository keine Rule Engine zum Einsatz, dient es vor allem als zentrale Informationsquelle für die Art und den Ort der dezentralen Regelausführung. MORGAN spricht in diesem Zusammenhang von „virtuellen Rule Engines"[452].

Ein Geschäftsregel-Repository besteht neben einer Geschäftsregel-Datenbank aus Funktionen für die Entwicklung, Erfassung, Analyse, Speicherung und Identifikation von Geschäftsregeln. Einige dieser Funktionen können zwar auch „nebenbei" durch eine Rule Engine erfüllt werden, die in der Praxis zum Teil über eigenständige Speicher- und Pflegefunktionen verfügen[453]. Ein eigenständiges Repository erlaubt jedoch auch die Verwaltung derjenigen Geschäftsregeln, die in nicht automatisierter Form zur Ausführung gelangen. Erst durch die Einbeziehung auch dieser Geschäftsregeln kann ein Geschäftsregel-Repository als Instrument des organisationalen Wissensmanagements verwendet werden[454].

---

[447] Vgl. SCHACHER/GRÄSSLE *(2006)*, S. 215
[448] ENDL (2004), S. 251 f.
[449] Vgl. BAJEC/KRISPER (2005), S. 423 f.
[450] Vgl. BOYER/MILI (2011), S. 178 f.
[451] Vgl. etwa GRAHAM (2007), S. 9, BAJEC/KRISPER (2005), S. 431
[452] Vgl. ENDL (2004), S. 254 und MORGAN (2002), S. 242 f.
[453] Vgl. SCHACHER/GRÄSSLE *(2006)*, S. 215
[454] Vgl. Kap. 4.3.3.4

*BOYER/MILI* werfen hingegen die Frage auf, inwiefern die Menge der von einem BRMS bzw. Geschäftsregel-Repository zu verwaltenden Geschäftsregeln durch deren Abgrenzung zur Regelkategorie der Systemregeln bestimmt wird. Einfache syntaktische Plausibilisierungen von Datenfeldinhalten auf der Präsentationsebene verorten sie eindeutig außerhalb der Zuständigkeit eines BRMS. Inwiefern dies auch auf komplexere Regeln, z. B. Integritätsbeschränkungen auf der Ebene der Datenhaltungsschicht, zutrifft, wird dort mit Blick auf die nicht immer triviale Unterscheidung zwischen Geschäfts- und Systemregeln ausdrücklich nicht beantwortet[455].

*ENDL* weist darauf hin, dass der Anteil der Systemregeln mit zunehmender Automatisierung der Geschäftsregeln kontinuierlich zunimmt. Er schlägt daher vor, neben dem unternehmensweiten Regel-Repository der Fachseite ein Repository der Entwicklungsumgebung zu installieren, deren laufende Harmonisierung in der Verantwortung eines Regel-Administrators liegt[456].

## 7.3.2 Aufgaben

Die Aufgaben des Geschäftsregelmanagements können als „*die Gesamtheit der Maßnahmen für den Aufbau, die Entwicklung, Wartung und Weiterentwicklung einer regelbasierten Anwendungsarchitektur*[457]" beschrieben werden. Wie bereits an anderer Stelle erwähnt, kann Geschäftsregelmanagement im Entwicklungsprozess geschäftsregelbasierter Informationssystemen als Schnittstelle zwischen den Aufgabenbereichen der Fach- und IT-Seite verstanden werden[458]. Dementsprechend unterschieden *BAJEC/KRISPER* danach, welchem dieser beiden Aufgabenbereiche die Aufgaben des Geschäftsregelmanagements jeweils zuzuordnen sind[459]. Grundsätzlich stellen sie jedoch fest, dass Geschäftsregeln der Fachseite gehören, und von dieser zu managen sind[460].

Insgesamt finden sich in der wissenschaftlichen Literatur zum Business Rules-Ansatz nur sehr wenige dedizierte Abhandlungen zum Aufgabenspektrum eines Geschäftsregel-Repository. Neben *BAJEC/KRISPER* widmet sich auch *ENDL* dieser Thematik und legt eine umfassende Auflistung vor. Tabelle 20 enthält eine zusammenfassende Übersicht über die Inhalte der beiden Beiträge.

Einigkeit besteht in der Literatur dahingehend, dass BRMS bzw. Repositories geeignete Vorlagen zur Verfügung stellen müssen, um Geschäftsregeln durch geeignete Notationsformen modellieren zu können. *BAJEC/KRISPER* fordern zwar auch die Bereitstellung geeigneter Werkzeuge für eine grafische Modellierung, erachten diese Forderung aber gleichwohl nicht als zwingend.

---

[455] Vgl. *BOYER/MILI* (2011), S. 200 f.
[456] Vgl. *ENDL* (2004), S. 295 f.
[457] *ENDL* (2004), S. 296
[458] Vgl. Kap. 4.3.2
[459] Vgl. *BAJEC/KRISPER* (2005), S. 431
[460] Vgl. *BAJEC/KRISPER* (2005), S. 430

**Tab. 20:** Aufgaben des Geschäftsregelmanagements nach *BAJEC/KRISPER* und *ENDL*

| Aufgabe | Bajec/Krisper (2005) | Endl (2004) |
|---|---|---|
| Das Repository muss die **Klassifizierung** von Geschäftsregeln unterstützen und, darauf aufbauend, standardisierte **Regelschablonen** zur Definition atomarer Geschäftsregeln zur Verfügung stellen. | S. 11 | S. 260 |
| Das Repository soll die **grafische Modellierung** von Geschäftsregeln unterstützen. | S. 11 | - |
| Es müssen Schablonen zur Erhebung **zusätzlicher Informationen** zur Verfügung stehen. | S. 10 | S. 261 |
| Es müssen frühere **Versionen und Entwicklungsstadien** von Geschäftsregeln verwaltet werden können. | S. 11 | S. 259 |
| Das Repository muss zeitliche, logische und hierarchische **Abhängigkeiten** zwischen den Geschäftsregeln darstellen können. | S. 10 | S. 260 |
| Das Repository muss bei der Aufdeckung inkonsistenter, redundanter oder sich überlappender Geschäftsregeln Unterstützung bieten (**Qualitätssicherung**). | S. 10 f. | S. 260 |
| In Abhängigkeit von den Verantwortlichkeiten und Zuständigkeiten müssen Benutzer-Rollen mit unterschiedlichen **Berechtigungen** vergeben werden können. | - | S. 259 |
| Das Repository muss Informationen zum **Ort und zur Art der Implementierung** aufnehmen können. | S. 11 | S. 262 |
| Das Repository muss die Übersetzung der modellierten Geschäftsregeln in eine **formalisierte Regelsprache** unterstützen. | S. 11 | S. 261 |

Große Bedeutung wird der Bereitstellung von Schablonen beigemessen, um über die eigentliche Geschäftsregel hinaus weitere, mit dieser korrespondierende Informationen als Regelattribute erfassen zu können. *BOYER/MILI* zählen hierzu Informationen zu den Unternehmenszielen und Motiven der Geschäftsregel, zu den korrespondierenden Daten, Objekten und Prozessschritten sowie zu den auslösenden Ereignissen[461]. *MORGAN* empfiehlt neben der Vergabe einer eindeutigen Regelkennung auch die Erfassung der verantwortlichen Person, der zugehörigen Regelklasse sowie einer Versionsnummer[462].

An eine solche Versionierung von Geschäftsregeln werden schließlich weitere Anforderungen geknüpft:

- Zum einen unterscheiden *BOYER/MILI* in Anlehnung an den in Kapitel 6.1 dargestellten Transformationsprozess zwischen zwei grundlegenden Entwicklungsstadien von Geschäftsregeln: Der frei formulierten Fassung im Rahmen der Regelerhebung durch die

---

[461] Vgl. *BOYER/MILI* (2011), S. 180
[462] Vgl. *MORGAN* (2002), S. 248

Fachseite, und derjenigen in einer semiformalen Regelbeschreibungssprache. Das Repository muss diesen Entwicklungsprozess steuernd unterstützen, und eine Verbindung zwischen den Fassungen ermöglichen[463].

- Zum Anderen werden mehrere Alternativen diskutiert, Versionen eines Entwicklungsstadiums in historisierter Form vorzuhalten: In verschiedenen Applikationen können zeitgleich verschiedene Versionen derselben Regel zum Einsatz kommen, wenn z. B. Stichtagsregelungen zu beachten sind[464]. Handelt es sich hingegen nur um geringfügige Änderungen, z. B. der Regelattribute, kann es ausreichend sein, für die Rule Engine die aktuellste Fassung zur Ausführung bereit zu halten, und die früheren nur zu Dokumentationszwecken aufzubewahren[465].

In Kapitel 6.2.2.1 wurde bereits erwähnt, wie durch sukzessive Verfeinerung aus Geschäftsregeln des ECA-Schemas Workflowmodelle abgeleitet werden können. Vor diesem Hintergrund verweisen u. a. KNOLMAYER/ENDL/PFAHRER auf die Notwendigkeit, die Regeln aller Detaillierungsstufen einschließlich der bestehenden hierarchischen Abhängigkeiten im Repository zu sichern[466]. Neben diesen vertikalen können zwischen zwei Regeln auch horizontale Abhängigkeiten bestehen, im Falle einer Inferenzregel etwa in logischer, im Falle einer aktionsauslösenden Regel in zeitlicher Form[467].

Die Qualitätssicherung von Regeln wird in der Literatur unter den Stichwörtern Verifikation und Validierung diskutiert, und stellt einen Forschungsschwerpunkt des Geschäftsregelmanagements dar. Während mit der Verifikation einer Regelmenge ihre Konsistenz, Redundanzfreiheit, Eindeutigkeit und Vollständigkeit überprüft wird, fragt Validierung nach der objektiven Richtigkeit der Regeln[468]. Dabei wird sowohl hinterfragt, ob Geschäftsregeln eine gegebene Situation korrekt wiedergeben, als auch, ob diese Situation in der gegebenen Form gewünscht ist[469].

VANTHIENEN zeigt an einem einfachen Beispiel auf, wie Geschäftsregeln in einer zweidimensionalen Entscheidungstabelle automatisiert verifiziert und anschließend validiert werden können. Er kategorisiert abschließend mögliche Fehlerquellen und weist darauf hin, wie diese durch Entscheidungstabellen[470] in der Modellierungsphase vermieden bzw. automatisiert aufgedeckt werden können[471]. Beispielhaft können folgende Fehlerquellen genannt werden:

- Redundante Regeln sind daran zu erkennen, dass zwei identische Tabellenspalten vorliegen.

- Widersprüchliche Regeln weisen innerhalb ihrer Tabellenspalten identische Einträge in den Prämissenfeldern, jedoch unterschiedliche Konsequenzen auf.

---

[463] Vgl. BOYER/MILI (2011), S. 182
[464] Vgl. ENDL (2004), S. 260
[465] Vgl. BOYER/MILI (2011), S. 183
[466] Vgl. KNOLMAYER/ENDL/PFAHRER (2000), S. 26
[467] Vgl. ENDL (2004), S 261
[468] Vgl. KNAUF et al. (2004), S. 3
[469] Vgl. VANTHIENEN, o. J., S. 11 f.
[470] Vgl. Kap. 6.2.3 – es wird hier von der Gestalt einer Bedingungstabelle ausgegangen
[471] Vgl. VANTHIENEN, o. J., S. 7-11

- Die Unvollständigkeit einer Entscheidungstabelle lässt sich u. a. daran erkennen, dass bestimmte Konklusionen durch keine mögliche Kombination im Prämissenteil erreicht werden kann.

VANTHIENEN postuliert eine durchgängige Verwendung von Entscheidungstabellen in allen Phasen der Systementwicklung. Ihren Einsatz zu Verifikations- und Validierungszwecken siedelt er in der Modellierungsphase an[472].

Ein weiterer Ansatz, der Entscheidungstabellen zu Validierungszwecken heranzieht, wurde von LEZOCHE/MISSIKOFF/TININIINI vorgestellt. Ausgangspunkt bildet die Feststellung, dass die scheinbar eindeutige Regel „auf Aktion A folgt Aktion B" auf verschiedene Weise interpretiert werden kann: Mögliche Interpretationen sind danach zu unterscheiden, ob zwischen den beiden Aktionen erstens weitere Aktionen ausgeführt werden dürfen, zweitens Aktion A eine Aktion B auch vorausgehen darf und drittens zwischen zwei Aktionen A zwingend eine Aktion B zu erfolgen hat. Die Kombinationen der drei Fragen und jeweils zwei möglichen Antworten lassen sich in einer Entscheidungstabelle explizieren und führen letztlich zu acht möglichen Interpretationen der Regel. Auf dieser Basis kann schließlich überprüft werden, ob sich bestimmte Kontrollflüsse eines Prozesses mit der jeweils intendierten Interpretation der Regel vereinbaren lassen[473].

Ein Überblick über kommerzielle und wissenschaftliche BRMS findet sich bei ENDL. Die betrachteten Systeme werden darin in ein zweidimensionales Spektrum eingeordnet, das durch die jeweiligen Funktonsumfänge zur Automatisierung und zum Management von Geschäftsregeln definiert wird. Im Ergebnis wird festgestellt, dass die Mehrzahl der führenden kommerziellen BRMS zwar in einem hohem Maße die Automatisierung von Geschäftsregeln, die Aufgaben des Geschäftsregelmanagements jedoch nur unzureichend unterstützt. Dies trifft insbesondere auf Funktionen zur Darstellung von Regelabhängigkeiten zu [474]. Auch BOYER/MILI kommen zu dem Ergebnis, dass keines der aktuell verfügbaren BRMS den gesamten Prozess des Geschäftsregelmanagements unterstützt[475].

## 7.4 Methodenspektrum der analysierten Artikel

Hinsichtlich der Implementierung von Geschäftsregeln lassen sich die analysierten Artikel in zwei in etwa gleich stark vertretene Forschungsbereiche aufteilen. Von den insgesamt 15 Beiträgen, die einen Implementierungsaspekt zum Gegenstand hatten, fokussierten 9 die Steuerungsfunktion von Geschäftsregeln in verteilten Systemen und 6 die Transformation zwischen formalen Regel-, Ontologie- und Prozessbeschreibungssprachen.

Innerhalb der ersten Gruppe dominieren Beiträge, in denen die Notwendigkeit von Geschäftsregeln als Steuerungselemente von Geschäftsprozessen aus der mangelnden Flexibilität von Workflowspezifikationen abgeleitet wird. Neben den in Kapitel 7.2.3 vorgestellten theoretischen Systementwürfen, u. a. von CHARFI/MEZINI und ORRIËNS/YANG/PAPAZOGLOU, sind auch die Beiträge von BLASUM und SPENCER als vorwiegend argumentativ-deduktive Analysen zu

---

[472] Vgl. VANTHIENEN, o. J., S. 14 f.
[473] Vgl. LEZOCHE/MISSIKOFF/TININIINI (2008)
[474] Vgl. ENDL (2004), S. 294
[475] Vgl. BOYER/MILI (2011), S. 178 f.

werten. Im Gegensatz wurde von *NAGL/ROSENBERG/DUSTDAR* ein konkreter Prototyp zur Einbindung heterogener Rule Engines in eine serviceorientierte Architektur entwickelt und vorgestellt[476]. Das methodische Spektrum wird darüber hinaus von *ROYCE* durch eine Fallstudie zur Einführung eines regelbasierten Workflowmanagementsystems erweitert[477].

Innerhalb der zweiten Gruppe beruht die Mehrzahl der ausgewerteten Beiträge auf der Forschungsmethode des Prototyping. Bei *LINEHAN* finden sich etwa Ausführungen zu einer erfolgreichen Transformation SBVR-basierter Regelmodelle in OCL als formaler Zielsprache, bei *KAMADA/GOVERNATORI/SADIQ* in die Zielsprache Formal Contract Logic (FCL)[478]. *DEMUTH/HUSSMANN/LOECHER* adressieren die Transformation OCL-basierter Spezifikationen in ausführbaren SQL-Code. *GOLBREICH* und *CHNITI* et al. adressieren schließlich die Verwendung der formalen Ontologie- und Regelbeschreibungssprachen OWL und RuleML in Rule Engines.

Vergleichsweise selten sind Beiträge vorzufinden, die den Aspekt einer automatisierten Verwaltung von Geschäftsregeln im Sinne eines ganzheitlichen Business Rule-Managements adressieren. Innerhalb der selektierten Artikel fand sich lediglich bei *BAJEC/KRISPER* der Entwurf eines entsprechenden Prototyps[479]. Ein Forschungsschwerpunkt ist hingegen im Bereich der automatisierten Verifikation und Validierung von Geschäftsregeln zu sehen. Hierzu konnten zwei formal-theoretische Ansätze unter Verwendung von Entscheidungstabellen[480], sowie ein weiterer identifiziert werden, in dem ein Prototyp zur automatisierten Generierung von Testfällen vorgestellt wurde[481]. *VASILECAS/LEBEDYS* schließen aus der mangelnden Vereinbarkeit in UML-Diagrammen dezentral modellierter Geschäftsregeln in argumentativer Weise auf die Notwendigkeit eines zentralen Regel Repository[482].

---

[476] Vgl. *SPENCER* (1998) und *BLASUM* (2007)
[477] Vgl. *ROYCE* (2007)
[478] Vgl. Kamada/Governatori/Sadiq (2010)
[479] Vgl. *BAJEC/KRISPER* (2005), S. 423
[480] Vgl. *LEZOCHE/MISSIKOFF/TININI* (2006) und *VANTHIENEN* (o. J.)
[481] Vgl. *KNAUF* et al. (2004)
[482] Vgl. *VASILECAS/LEBEDYS* (2005)

# 8  Der Business Rules-Ansatz – ein neues Paradigma?

Im Rahmen dieser Arbeit wurden zahlreiche Monografien und Artikel gesichtet, in denen die herausragende Bedeutung der Geschäftsregeln für die Entwicklung von Informationssystemen hervorgehoben und der Business Rules-Ansatz in den Rang eines neuen Paradigmas erhoben wurde. Es wurde aufgezeigt, dass Geschäftsregelkonzepte in verschiedenen Kontexten als Schlüssel zu verbesserter IT-Agilität, Transparenz und Nutzerfreundlichkeit betrachtet werden.

Bereits im Jahr 1984 identifizierte *APPLETON* Geschäftsregeln als „Missing Link" zwischen dem fachlichen Datenmodell der Planungs-, und dem konzeptionellen der Implementationsphase[483]. *MORIARTY* prognostizierte einen Paradigmenwechsel von objektorientierten Konzepten hin zu geschäftsregelbasierten, und begründete dies mit der Verständlichkeit deren natürlich-sprachlicher Notationen für Angehörige der Fachseite[484]. *SCHEER/WERTH* betrachten Geschäftsregeln als neues Gestaltungsobjekt im Lichte der Geschäftsprozessmodellierung und konstatieren, dass es „*möglich sein [sollte], über eine umfassende Erhebung von Geschäftsregeln das Verhalten eines Unternehmens vollständig zu beschreiben*[485]". Mit *HERMANS/VON STOKKUM* lässt sich diese Annahme zu der Frage zuspitzen, was dann eigentlich *keine* Regel sei[486].

Der Begriff des Paradigmas kann als „*vorherrschendes Denkmuster*" definiert werden, das „*einen allgemein anerkannten Konsens über Annahmen und Vorstellungen widerspiegelt*[487]". Mit Blick auf den Business Rules-Ansatz stellt auch *VON HALLE* fest, dass sich ein Paradigmenwechsel nur auf der Basis eines ausgereiften theoretischen Fundamentes vollziehen kann, das sie ihm, als eine seiner frühesten Verfechterinnen, bereits im Jahr 2002 attestierte[488]. Zusammenfassend ist nun festzustellen, inwiefern diese Auffassung vor dem Hintergrund dieser Arbeit aus heutiger, wissenschaftlicher Sicht geteilt werden kann.

Mit Blick auf Erscheinungsjahr und Ausrichtung der gesichteten Monografien und Artikel war zunächst die Erkenntnis zu gewinnen, dass der Business Rules-Ansatz ursprünglich weniger auf wissenschaftlichen, als vielmehr auf praxisnahen Initiativen einzelner Experten der IT-Branche gründete. Erst zum Ende der 1990er Jahre keimte, unter dem Einfluss kommerziell verfügbarer Werkzeuge, in zunehmender Weise auch ein wissenschaftliches Interesse an der Thematik[489]. Andererseits wurde dargelegt, dass die Wurzeln der dem Business Rules-Ansatz zugrundeliegenden Konzepte und Technologien auf den Forschungsfeldern der künstlichen Intelligenz und des Datenbankdesigns zu finden sind.

Ein eher uneinheitliches Bild bietet sich bei der Analyse der in der Literatur vertretenen Begriffsdefinitionen. Während die SBVR etwa zwischen Geschäftsregeln und ihrer Repräsentation unterscheidet, wird in zahlreichen Beiträgen keine explizite Unterscheidung vorgenom-

---

[483] Vgl. *APPLETON* (1984), S. 150
[484] Vgl. *MORIARTY* (1993), S. 68
[485] *SCHEER/WERTH* (2005), S. 4
[486] Vgl. *HERMANS/VAN STOKKUM* (1998), S. 211
[487] *HEINRICH/HEINZL/ROITHMAYR* (2007), S. 68
[488] Vgl. *VON HALLE* (2001), S. XXXIII f.
[489] Vgl. *MENS* et al. (1998), S. 189 f.

men. Auch eine Unterscheidung zwischen fachlichen Geschäfts-, und technischen Systemregeln wird regelmäßig nicht explizit getroffen. Da die Mehrzahl der Autoren den zentralen Erkenntnisgegenstand des Business Rules-Ansatzes wahlweise frei definiert oder auf ein breites Spektrum bestehender Definitionen zurückgreift, ist das Vorliegen eines allgemein anerkannten Konsenses mithin zu verneinen.

Ein ähnliches Bild bietet sich auch mit Blick auf die in der Literatur vertretenen Klassifikationsschemata von Geschäftsregeln. Dass vor dem Hintergrund unterschiedlicher Erkenntnisinteressen derselbe Erkenntnisgegenstand nach unterschiedlichen Dimensionen differenziert wird, indiziert zwar grundsätzlich noch keinen Dissens über die diesen Gegenstand betreffenden Annahmen. Die im Rahmen dieser Arbeit fokussierten Klassifikationsschemata bilden jedoch die konzeptionelle Grundlage für den Entwurf der Regelschablonen, die ihrerseits als Quellformat für die automatisierte Ausführung der Geschäftsregeln dienen. Unterschiedliche Klassifizierungen erschweren daher die diese Automatisierung betreffenden Standardisierungsbemühungen. Im Jahr 2008 wurde im Rahmen der SBVR schließlich ein Klassifikationsschema entworfen, das auf den wissenschaftlich fundierten Prinzipien der modalen Logik beruht. Dennoch war auch in den seitdem publizierten Beiträgen noch keine übereinstimmende Bezugnahme auf dieses Schema zu verzeichnen.

Auch auf dem Gebiet der Modellierung von Geschäftsregeln existieren zahlreiche, heterogene Ansätze. Diese Heterogenität ist zum einen dem Umstand geschuldet, dass von Seiten kommerzieller Softwarehersteller eine Vielzahl von Standards kontrollierter Sprachen geschaffen wurde[490]. Zum anderen sind Geschäftsregeln, als vergleichsweise junges Modellierungsobjekt, in bestehende Modellierungsmethoden, insbesondere in UML und Methoden der Prozessmodellierung, zu integrieren. Ferner kommt hinzu, dass auf formaler Repräsentationsebene aus der Semantic Web-Initiative weitere Sprachstandards hervorgegangen sind, die neben objektorientierten Standards wie OCL als Zielsprache in Betracht kommen.

Mit den SBVR wurden bereits mehrere Meta-Modelle entworfen, die eine Integration der semiformalen Sprachstandards auf der Ebene der Unternehmensmodellierung erlauben. Auf formaler Ebene zeichnet sich eine zunehmende Fokussierung auf RuleML als plattformunabhängigem Austauschformat in verteilten Systemen ab. Obwohl ein Forschungsschwerpunkt in der Transformation zwischen existierenden formalen und semiformalen Sprachstandards identifiziert wurde, befindet sich das Mapping SBVR-basierter Modelle auf formale Sprachstandards im Rahmen des MDA-Ansatzes noch in seinen Anfängen[491].

Mit Blick auf die Modellierung des Business Rules-Ansatzes ist somit gleichermaßen festzustellen, dass sich noch keine allgemein anerkannten Standards oder „vorherrschenden Denkmuster" etablieren konnten. Auch wenn sich SBVR und RuleML zunehmend als Standards zur semiformalen und formalen Notation etablieren, bleibt u. a. die Frage offen, wie diese zur Modellierung regelgesteuerter Geschäftsprozesse beitragen können[492]. Des Weiteren existiert auch dahingehend noch kein allgemein anerkannter Konsens, wie sich die zentrale Speicherung aller Geschäftsregeln mit dem Prinzip der Kapselung des objektorientierten Paradigmas vereinbaren lässt. Das einleitende Zitat nach SCHEER/WERTH verleitet zu der Annahme, ge-

---

[490] Vgl. SCHACHER/GRÄSSLE (2006), S. 250

[491] Vgl. auch LINEHAN (2008), S. 188 und KÖHLER (2011), S. 10

[492] Vgl. KÖHLER (2011), S. 14

schäftsregelbasierte Modellierung sei geeignet, Daten- und Geschäftsprozessmodellierung zu ergänzen oder in Teilen zu ersetzen. Ein allgemein anerkannter Konsens über diese Annahme war der Literatur jedoch nicht zu entnehmen.

Im Zusammenhang mit der Implementierung von Geschäftsregeln wurde aufgezeigt, dass eine Ausführung von Geschäftsregeln auf allen Ebenen der Softwarearchitektur erfolgen kann, wobei es nicht zwingend zur Einbindung einer Rule Engine kommen muss. Besonders akzentuiert wird in der Forschung die Frage, wie Geschäftsregeln zur Prozesssteuerung in serviceorientierten Architekturen eingesetzt werden können, wobei auch hier wieder sehr heterogene Ansätze diskutiert werden. Tatsächlich sieht der Business Rules-Ansatz, unabhängig von Ort und Art der Implementierung, vor allem die zentrale Speicherung und Verwaltung der Geschäftsregeln in einem Repository vor. Gemessen an der Bedeutung dieses Prinzips liegen jedoch nur vergleichsweise wenige Beiträge dazu vor. Als Forschungsschwerpunkt ist in diesem Zusammenhang allein die automatisierte Unterstützung von Verifikation und Validierung der Regeln zu sehen. Hinzu kommt, dass bislang noch keine Werkzeuge existieren, die in der Lage sind, alle Phasen und Aspekte des Geschäftsregelmanagements zu unterstützen[493].

Bezieht man schließlich auch die methodische Ausrichtung der im Rahmen dieser Arbeit gesichteten Artikel mit ein, ist festzustellen, dass das Forschungsfeld von den Methoden der semiformalen und argumentativen deduktiven Analyse sowie der Prototyperstellung dominiert wird. Der Fokus liegt damit einseitig im Bereich der IT-Erstellung, Fragen des Einsatzes und der Folgen regelbasierter Informationssysteme werden durch den Mangel an Fallstudien und Querschnittsanalysen nicht hinreichend adressiert[494]. Der Mangel an Reviews wird zwar teilweise durch das Vorhandensein von Monografien kompensiert, die einzelne Aspekte des Business Rules-Ansatzes ausführlich behandeln. Mit Blick auf die skizzierten Forschungszwecke wurde jedoch ein erheblicher Mangel evaluativer Ansätze identifiziert. Einer Fülle erklärungs- und gestaltungsorientierter Ansätze stehen nur sehr wenige Beiträge gegenüber, die diese Ansätze zueinander in Beziehung setzen und nach objektiven Kriterien unvoreingenommen bewerten.

Aufgrund des skizzierten Forschungs- und Entwicklungsstandes bleibt als Ergebnis festzuhalten, dass die Voraussetzungen für das Vorliegen eines neuen Paradigmas der Wirtschaftsinformatik oder gar eines Paradigmenwechsels im Falle des Business Rules-Ansatzes derzeit noch nicht erfüllt sind. Von zentraler Bedeutung ist hierfür vor allem die Herausbildung eines allgemein anerkannten Verständnisses darüber, welche Arten von Regeln dem Geschäftsregelbegriff zu subsumieren, und wie diese zu klassifizieren sind. Mit den SBVR wurde eine entsprechende theoretische Grundlage bereits geschaffen. Weitere Forschungsbestrebungen werden daher vonnöten sein, um die Kompatibilität zwischen diesem und anderen regelbasierten Standards weiter voranzutreiben. Insbesondere im Zusammenhang mit der Steuerung von Prozessabläufen in heterogenen verteilten Systemen ist die Etablierung gemeinsamer Standards erforderlich, um Geschäftsregeln applikations- und plattformübergreifend wiederverwenden zu können. Aus der Verbindung SBVR-basierter Formate mit Standards der Semantic Web-Initiative können sich Synergieeffekte für beide Forschungsbereiche, und letztlich auch für die Umsetzung in der Praxis ergeben.

---

[493] Vgl. *BAJEC/KRISPER* (2005), S. 440 und *BOYER/MILI* (2011), S. 178 f.

[494] Vgl. *STROHMEIER* (2000), S. 92

# Literaturverzeichnis

ANDREESCU, ANCA IOANA; UTA, ADINA (2008): Methodological approaches based on business rules. In: Informatica Economica 47 (3), S. 23–27.

ANTONIOU, GRIGORIS; WAGNER, GERD (2003): Rules and Defeasible Reasoning on the Semantic Web. In: LECTURE NOTES IN COMPUTER SCIENCE 2003 (2876), S. 111–120.

APPLETON, DANIEL S. (1984): Business Rules: The Missing Link. In: Datamation Vol. 16, S. 145–150.

APPLETON, DANIEL S. (1986): Rule Based Data Resource Management. In: Datamation Vol. 18, S. 86–99.

BAJEC, MARKO; KRISPER, MARJAN (2005): A methodology and tool support for managing business rules in organisations. In: INFORMATION SYSTEMS -OXFORD- PERGAMON PRESS- 30; Jg. 2005 (6), S. 423–443.

BLASUM, ROBERT (2007): Business Rules and Business Intelligence. In: DM REVIEW 17; Jg. 2007 (4), S. 14–15.

BÖHM, MARKUS: Werte schaffen durch IT-Compliance. In: Wirtschaftsinformatik & Management 1; Jg. 2009 (3), S. 50–58.

BOLEY, HAROLD; PASCHKE, ADRIAN; SHAFIQ, OMAIR (2010): RuleML 1.0: The Overarching Specification of Web Rules. In: DEAN, MIKE et al. (Hg.): Semantic Web Rules - International Symposium, RuleML 2010, Washington, DC, USA, October 21-23, 2010. Proceedings: Springer (Lecture Notes in Computer Science, 6403), S. 162–178.

BOYER, JÉRÔME; MILI, HAFEDH (2011): Agile business rule development. Process, architecture, and JRules examples. Berlin, Heidelberg, New York: Springer.

BRG: Defining Business Rules – What Are They Really?, 2000, veröffentlicht im Netz; URL: http://www.businessrulesgroup.org/first_paper/BRG-whatisBR_3ed.pdf, abgerufen am 27.12.2012:

BRG: The Business Rules Manifesto; 2003, veröffentlicht im Netz; URL: http://www.businessrulesgroup.org/brmanifesto.htm, abgerufen am 12.01.2013

BRG: The Business Motivation Model; 2010, veröffentlicht im Netz; URL: http://www.businessrulesgroup.org/second_paper/BRG-BMM.pdf, abgerufen am 05.01.2013

BRÜCHER, HEIDE; ENDL, RAINER (2002): Erweiterung von UML zur geschäftsregelorientierten Prozessmodellierung. In: Wissensmanagement mit Referenzmodellen: Konzepte für die Anwendungssystem- und Organisationsgestaltung. - Heidelberg: Physica-Verl., ISBN 3790815144. - 2002, S. 145-161.

CHARFI, ANIS; MEZINI, MIRA (2004): Hybrid web service composition: business processes meet business rules. In: AIELLO, MARCO et al. (Hg.): Service-Oriented Computing - ICSOC 2004, Second International Conference, New York, NY, USA, November 15-19, 2004, Proceedings: ACM, S. 30–38.

CHENG, RAN; SADIQ, SHAZIA; INDULSKA, MARTA (2011): Framework for business process and rule integration. A case of BPMN and SBVR. In: Business information systems : 14th International Conference, BIS 2011, Poznań, Poland, June 15 - 17, 2011 ; proceedings. Berlin [u.a.]: Springer, S. 13–24.

CHISHOLM, MALCOLM (2004): How to build a business rules engine. Extending application functionality through metadata engineering. Boston, Oxford: Morgan Kaufmann; Elsevier Science.

CHNITI, AMINA et al (2010): Authoring Business Rules Grounded in OWL Ontologies. In: DEAN, MIKE et al. (Hg.): Semantic Web Rules - International Symposium, RuleML 2010, Washington, DC, USA, October 21-23, 2010. Proceedings: Springer (Lecture Notes in Computer Science, 6403), S. 297–304.

COSENTINO, VALERIO et al (2012): A Model Driven Reverse Engineering Framework for Extracting Business Rules Out of a Java Application. In: ANTONIS BIKAKIS und ADRIAN GIURCA (Hg.): Rules on the Web: Research and Applications - 6th International Symposium, RuleML 2012, Montpellier, France, August 27-29, 2012. Proceedings: Springer (Lecture Notes in Computer Science, 7438), S. 17–31.

DATE, CHRIS J. (2000): What not how. The business rules approach to application development. Reading, Mass: Addison-Wesley.

DAYAL, UMESHWAR: Active Database Management Systems. In: Proceedings of the third International, 1988, Jerusalem, Israel, S. 150–169.

DEMUTH, BIRGIT; HUSSMANN, HEINRICH; LOECHER, STEN (2001): OCL as a Specification Language for Business Rules in Database Applications. In: Proceedings of the 4th International Conference on The Unified Modeling Language, Modeling Languages, Concepts, and Tools. London, UK: Springer-Verlag («UML» '01), S. 104-117.

DESANCTIS, GERARDINE (1986): Human resource information systems: a current assessment. In: MIS Q 10 (1), S. 15-27.

Duden (2012): Regel; veröffentlicht im Netz; URL: http://www.duden.de/rechtschreibung/Regel, abgerufen am 10.12.2012

*EL GHALI, A.; CHNITI, A.; CITEAU, H.* (2012): Bringing OWL Ontologies to the Business Rules Users. In: LECTURE NOTES IN COMPUTER SCIENCE 2012 (7438), S. 62–76.

*ENDL, RAINER* (2004): Regelbasierte Entwicklung betrieblicher Informationssysteme. Gestaltung flexibler Informationssysteme durch explizite Modellierung der Geschäftslogik. 1. Aufl. Lohmar: Eul.

Enzyklopädie der Wirtschaftsinformatik (2012): Serviceorientierte Architektur, veröffentlicht im Netz, URL: http://www.enzyklopaedie-der-wirtschaftsinformatik.de, abgerufen am 27.04.2013

Enzyklopädie der Wirtschaftsinformatik (2012): Wirtschaftsinformatik-Zeitschriften, veröffentlicht im Netz, URL: http://www.enzyklopaedie-der-wirtschaftsinformatik.de, abgerufen am 05.12.2012

*ERIKSSON, HANS-ERIK; PENKER, MAGNUS* (2000): Business modeling with UML. Business patterns at work. New York: John Wiley & Sons.

*ETZION, OPHER* (2005): Towards an Event-Driven Architecture: An Infrastructure for Event Processing Position Paper. In: Bd. 3791 (Lecture Notes in Computer Science), S. 1–7.

*FETTKE, PETER* (2006): State-of-the-Art des State-of-the-Art. Eine Untersuchung der Forschungsmethode "Review" innerhalb der Wirtschaftsinformatik. In: Wirtschaftsinformatik 2006 (4), S. 257–266.

*FISCHER, JOACHIM* (1995): Aktive Datenbanken; veröffentlicht im Netz, URL: http://wiwi.uni-paderborn.de/fileadmin/lehrstuehle/department-3/wiwi-dep-3-ls-2/pdf/veroeffentlichungen/Fischer/4.36_Aktive_Datenbanken.pdf, abgerufen am 04.03.2013

*FREIDANK, CARL-CHRISTIAN; PEEMÖLLER, VOLKER H.; PASTERNACK, NYLS-ARNE* (2008): Corporate Governance und Interne Revision. Handbuch für die Neuausrichtung des Internal Auditings. Berlin: E. Schmidt..

Gabler Wirtschaftslexikon (2012): Erklärungsmodell; veröffentlicht im Netz, URL: http://wirtschaftslexikon.gabler.de/Definition/modell.html?referenceKeywordName=Erkl%C3%A4rungsmodell, abgerufen am 08.02.2013

*GEHRING, HERMANN* (2007): Anwendungssysteme und Geschäftsprozessmodellierung. Integrierte betriebliche Informationsverarbeitung. Hagen.

*GOEDERTIER, STIJN; HAESEN, RAF; VANTHIENEN, JAN* (2008): Rule-based business process modelling and enactment. In: International journal of business process integration and management: IJBPIM 3; Jg. 2008 (3), S. 194–207.

GOLBREICH, CHRISTINE (2004): Combining Rule and Ontology Reasoners for the Semantic Web. In: ANTONIOU, GRIGORIS und BOLEY, HAROLD (Hg.): Rules and Rule Markup Languages for the Semantic Web: Third International Workshop, RuleML 2004, Hiroshima, Japan, November 8, 2004. Proceedings: Springer (Lecture Notes in Computer Science, 3323), S. 6–22.

GOTTESDIENER, ELLEN (1999): Capturing Business Rules. In: SOFTWARE DEVELOPMENT -SAN FRANCISCO- 7; Jg. 1999 (12), S. 72.

GRAHAM, IAN (2007): Business rules management and service oriented architecture. A pattern language. Chichester, England: Wiley.

GREEN, PETER F.; ROSEMANN, MICHAEL (2002): Perceived Ontological Weaknesses Of Process Modeling Techniques. Further Evidence. In: STANISLAW WRYCZA (Hg.): Proceedings of the 10th European Conference on Information Systems, Information Systems and the Future of the Digital Economy, ECIS 2002, Gdansk, Poland, June 6-8, 2002, S. 312–321.

HALLE, BARBARA VON (2001): Business rules applied. Building better systems using the business rules approach. New York u.a: Wiley Computer Publ.

HALPIN, TERRY (2007): Modality of Business Rules. In: SIAU, KENG (Hg.): Research Issues in Systems Analysis and Design, Databases and Software Development: IGI Global, S. 206–226.

HANSEN, HANS ROBERT (1996): Grundlagen betrieblicher Informationsverarbeitung. 7. Aufl. Stuttgart [etc.]: Gustav Fischer (Grundwissen der Ökonomik : Betriebswirtschaftslehre, 802).

HEINRICH, LUTZ JÜRGEN; HEINZL, ARMIN; ROITHMAYR, FRIEDRICH (2007): Wirtschaftsinformatik. Einführung und Grundlegung. 3. Aufl. München [u.a.]: Oldenbourg (Lehrbuch).

HENDRICKSON, ANTHONY R. (2003): Human Resource Information Systems: Backbone Technology of Contemporary Human Resources. In: Journal of Labor Research 24 (3), S. 382–394.

HERBST, HOLGER et al (1994): The specification of business rules: A comparison of selected methodologies Life Cycle. In: VERRIJN-STUART, ALEX A. und OLLE, WILLIAM (Hg.): Methods and Associated Tools for the Information Systems Life Cycle, Proceedings of the IFIP WG8.1 Working Conference on Methods and Associated Tools for the Information Systems Life Cycle, Maastricht, The Netherlands, 26-28 September, 1994: Elsevier (IFIP Transactions, 55), S. 29–46.

HERBST, HOLGER (1997): Business rule oriented conceptual modeling. Heidelberg: Physica-Verl (Contributions to management science).

HERBST, HOLGER; KNOLMAYER, GERHARD (1995): Ansätze zur Klassifikation von Geschäftsregeln. In: Wirtschaftsinformatik 1995 (2), S. 149–159.

HERMANS, LEO; VAN STOKKUM, WIM (1998): How Business Rules Should Be Modeled and Implemented in OO. In: DEMEYER, SERGE und BOSCH, JAN (Hg.): Object-Oriented Technology, ECOOP'98 Workshop Reader, ECOOP'98 Workshops, Demos, and Posters, Brussels, Belgium, July 20-24, 1998, Proceedings: Springer (Lecture Notes in Computer Science, 1543), S. 211–213.

HOHEISEL, HOLGER (2000): Temporale Geschäftsprozessmodellierung. Wiesbaden: Dt. Univ.-Verl (DUV Wirtschaftsinformatik).

HRUSCHKA, HARALD (1988): Use of fuzzy relations in rule-based decision support systems for business planning problems. In: European Journal of Operational Research 34 (3), S. 326–335.

INMON, WILLIAM H.; O'NEIL, BONNIE K.; FRYMAN, LOWELL (2008): Business metadata. Capturing enterprise knowledge. Amsterdam, Boston: Elsevier/Morgan Kaufmann.

KAMADA, AQUEO; GOVERNATORI, GUIDO; SADIQ, SHAZIA WASIM (2010): Transformation of SBVR Compliant Business Rules to Executable FCL Rules. In: DEAN, MIKE et al. (Hg.): Semantic Web Rules - International Symposium, RuleML 2010, Washington, DC, USA, October 21-23, 2010. Proceedings: Springer (Lecture Notes in Computer Science, 6403), S. 153–161.

KLOTZ, MICHAEL; DORN, DIETRICH-W: IT-Compliance. Begriff, Umfang und relevante Regelwerke. In: HMD : Praxis der Wirtschaftsinformatik 45; Jg. 2008 (263), S. 5–14.

KNAUF, RAINER et al (2004): A Step out of the Ivory Tower: Experiences with Adapting a Test Case Generation Idea to Business Rules. In: BARR, VALERIE und MARKOV, ZDRAVKO (Hg.): Proceedings of the Seventeenth International Florida Artificial Intelligence Research Society Conference, Miami Beach, Florida, USA: AAAI Press, S. 343–348.

KNOLMAYER, GERHARD; ENDL, RAINER; PFAHRER, MARCEL (2000): Modeling Processes and Workflows by Business Rules. In: AALST, WIL, DESEL, JÖRG und OBERWEIS, ANDREAS (Hg.): Lecture Notes in Computer Science. Berlin, Heidelberg: Springer Berlin Heidelberg, S. 16–29.

KÖHLER, JANA (2011): The Process-Rule Continuum – How can the BPMN and SBVR Standards interplay?; veröffentlicht im Netz; URL: http://user.enterpriselab.ch/~takoehle/publications/dba/ProcessRuleContinuum-Submitted.pdf, abgerufen am 16.12.2012

KORNDÖRFER, WOLFGANG (2003): Allgemeine Betriebswirtschaftslehre. Aufbau, Ablauf, Führung, Leitung. 13. Aufl. Wiesbaden: Gabler.

KOVACIC, ANDREJ (2004): Business renovation: business rules (still) the missing link. In: Business Process Management Journal 10 (2), S. 158–170.

KOVACIC, ANDREJ; GROZNIK, ALES (2004): The Rule-Transformation Approach toward Intelligent Business. In: ISDA 2004. Proceedings. Budapest: IEEE, S. 563–567.

LEHNER, FRANZ; SCHOLZ, MICHAEL; WILDNER, STEPHAN (2008): Wirtschaftsinformatik. Eine Einführung. 2. Aufl. München: Hanser, Carl.

LEZOCHE, MARIO; MISSIKOFF, MICHELE; TININI, LEONARDO (2008): Business Process Evolution: a Rule-based Approach. In: Proceedings of the 9th Workshop on Business Process Modeling, Development, and Support (BPMDS'08)

LINEHAN, M.H (2008): SBVR Use Cases. In: LECTURE NOTES IN COMPUTER SCIENCE 2008 (5321), S. 182–196.

MENS, KIM et al (1998): Workshop Report - ECOOP'98 Workshop 7: Tools and Environments for Business Rules. In: DEMEYER, SERGE und BOSCH, JAN (Hg.): Object-Oriented Technology, ECOOP'98 Workshop Reader, ECOOP'98 Workshops, Demos, and Posters, Brussels, Belgium, July 20-24, 1998, Proceedings: Springer (Lecture Notes in Computer Science, 1543), S. 189–196.

MERTENS, PETER (2010): Grundzüge der Wirtschaftsinformatik. 10. Aufl. Berlin [u.a.]: Springer (Springer-Lehrbuch).

MERTENS, PETER; BACK, ANDREA (2001): Lexikon der Wirtschaftsinformatik. 4. Aufl. Berlin; New York: Springer.

MORGAN, ANTHONY. J. (2002): Business rules and information systems. Aligning IT with business goals. Boston: Addison-Wesley.

MORIARTY, TERRY (1993): The Next Paradigm. In: Database Programming & Design 6, 1993 (2), S. 66–69.

MÜLLER, GÜNTER; TERZIDIS, ORESTIS (2008): IT-Compliance und IT-Governance. In: Wirtschaftsinformatik: WI; 2008 (5), S. 341–345.

NAGL, CHRISTOPH; ROSENBERG, FLORIAN; DUSTDAR, SCHAHRAM (2006): VIDRE - A Distributed Service-Oriented Business Rule Engine based on RuleML. In: Tenth IEEE International Enterprise Distributed Object Computing Conference (EDOC 2006), 16-20 October 2006, Hong Kong, China: IEEE Computer Society, S. 35–44.

NELSON, MATTHEW L. et al (2010): Transitioning to a business rule management service model. Case studies from the property and casualty insurance industry. In: Information & management 47 (1), S. 30–41.

*ODELL, JAMES* (1995): Business Rules. In: Object Magazine: Improving software quality through object development & reuse, S. 53–56.

*OEY, KAI J.* et al. (2005): Mehr als alter Wein in neuen Schläuchen: Eine einführende Darstellung des Konzepts der serviceorientierten Architekturen. In: Unternehmensarchitekturen und Systemintegration, 3. EAI-Expertentag, Berlin, DE, Nov 25-26, 2004 (in Serie: Series Enterprise Architecture) 2005.

OMG (2008): Semantics of Business Vocabulary and Rules; veröffentlicht im Netz, URL: http://www.omg.org/spec/SBVR/1.0/PDF/, abgerufen am 26.12.2012

*ORRIËNS, BART; YANG, JIAN; PAPAZOGLOU, MIKE P.* (2003): A Framework for Business Rule Driven Web Service Composition. In: LECTURE NOTES IN COMPUTER SCIENCE 2003 (2814), S. 52–64.

*OVERBEEK, SIETSE; JANSSEN, MARIJN; VAN BOMMEL, PATRICK* (2010): Realizing Integrated Service Delivery through a Language for Collective Understanding of Business Rules. In: *DEAN, MIKE* et al. (Hg.): Semantic Web Rules - International Symposium, RuleML 2010, Washington, DC, USA, October 21-23, 2010. Proceedings: Springer (Lecture Notes in Computer Science, 6403), S. 289–296.

*PASCHKE, ADRIAN; KOZLENKOV, ALEXANDER* (2008): A Rule-based Middleware for Business Process Execution. In: *BICHLER, MARTIN* et al (Hg.): Multikonferenz Wirtschaftsinformatik, MKWI 2008, München, 26.2.2008 - 28.2.2008, Proceedings: GITO-Verlag, Berlin, S. 1409–1420.

*PETSCH, MATHIAS; PAWLASZCZYK, DIRK; SCHORCHT, HAGEN* (2007): Regelbasierte Koordinierung von agentengestützten Transportprozessen. In: Wirtschaftinformatik Proceedings 2007.

*PITSCHKE, JÜRGEN* (2010): Geschäftsregelmanagement, Geschäftsprozessmodellierung und Unternehmensmodelle. In: *ENGELS, GREGOR* (Hg.): Software engineering 2010. Workshopband (inkl. Doktorandensymposium) ; Fachtagung des GI-Fachbereichs Softwaretechnik ; 22. - 26.02.2010 in Paderborn. Bonn: Ges. für Informatik (GI), S. 19–26.

*PRECKWINKEL, JONAS* (2012): Repräsentation medizinischen Wissens mit Drools am Beispiel der Adipositas-Leitlinie. Bachelorarbeit. Fachhochschule Brandenburg, Brandenburg.

*REGEV, GIL; WEGMANN, ALAIN* (2001): Goals and Business Rules as the Central Design Mechanism; veröffentlicht im Netz, URL: http://infoscience.epfl.ch/record/52409; abgerufen am 12.12.2012.

Regierungskommission Deutscher Corporate Governance Kodex (2007): Deutscher Corporate Governance Codex; veröffentlicht im Netz; URL: http://www.corporate-governance-code.de/ger/download/D_Kodex_2007_markiert.pdf

ROSS, RONALD G. (1994): The business rule book. Classifying, defining and modeling rules: version 3.0. Boston, Mass: Database Research Group.

RONALD G. ROSS (2007): Are Integrity Constraints Business Rules? Not! In: Business Rules Journal, Vol. 8, No. 3 (March 2007), veröffentlicht im Netz, URL: http://www.BRCommunity.com/a2007/b335.html, abgerufen am 10.01.2013

ROSS, RONALD G. (2009): Business rule concepts. Getting to the point of knowledge. 3. Aufl. Houston, Tex: Business Rule Solutions.

ROYCE, GEORGE (2007): Integration of a Business Rules Engine to Manage Frequently Changing Workflow: A Case Study of Insurance Underwriting Workflow. In: AMCIS 2007 Proceedings.

SACKMANN, STEFAN: Automatisierung von Compliance. In: HMD : Praxis der Wirtschaftsinformatik 45; Jg. 2008 (263), S. 39–46.

SANDIFER, ALICE; VON HALLE BARBARA (1991): Linking Rules to Models. In: Database Programming & Design 4, 1991 (3), S. 13–16.

SCHACHER, MARKUS; GRÄSSLE, PATRICK (2006): Agile unternehmen durch Business Rules. Der Business Rules Ansatz. Berlin: Springer.

SCHEER, AUGUST-WILHELM; WERTH, DIRK (2005): Geschäftsprozessmanagement und Geschäftsregeln. Saarbrücken: Inst. für Wirtschaftsinformatik.

SELLNER, ALEXANDER; PASCHKE, ADRIAN; ZINSER, ERWIN (2010): Establishing a Procedure Model for Combining and Synergistically Aligning Business Rules and Processes within Ontologies. In: DEAN, MIKE et al. (Hg.): Semantic Web Rules - International Symposium, RuleML 2010, Washington, DC, USA, October 21-23, 2010. Proceedings: Springer (Lecture Notes in Computer Science, 6403), S. 66–73.

SNEED; HARRY M.; ERDÖS, KATALIN (1996): Extracting Business Rules from Source Code. In: 4th International Workshop on Program Comprehension (WPC '96), March 29-31, 1996, Berlin, Germany: IEEE Computer Society, S. 240–247.

SPENCER, BRIAN (1998): Business Rules vs. Database Rules - A Position Statement. In: DEMEYER, SERGE und BOSCH, JAN (Hg.): Object-Oriented Technology, ECOOP'98 Workshop Reader, ECOOP'98 Workshops, Demos, and Posters, Brussels, Belgium, July 20-24, 1998, Proceedings: Springer (Lecture Notes in Computer Science, 1543), S. 200–201.

SPREEUWENBERG, SILVIE; GERRITS, RIK (2006): Business Rules in the Semantic Web, Are There Any or Are They Different? In: BARAHONA, PEDRO et al (Hg.): Reasoning Web, Second International Summer School 2006, Lisbon, Portugal, September 4-8, 2006, Tutorial Lectures: Springer (Lecture Notes in Computer Science, 4126), S. 152–163.

STACHOWIAK, HERBERT (1973): Allgemeine Modelltheorie. Wien, New York: Springer-Verlag.

STEINKE, GERHARD; NICKOLETTE, COLLEEN (2003): Business rules as the basis of an organization's information systems. In: Industrial Management & Data Systems 103 (1), S. 52–63.

STROHMEIER, STEFAN: Informatisierung der Personalwirtschaft. eine kritische Bestandsaufnahme gegenwärtiger Forschung. In: IT & Personal 2000, S. 90–96.

STROHMEIER, STEFAN (2008): Informationssysteme im Personalmanagement. Architektur, Funktionalität, Anwendung ; [mit Online-Service]. 1. Aufl. Wiesbaden: Vieweg + Teubner (Studium).

STRUKELJ, FRANZ (2009): Vorgehensmodell für die regelbasierte Entwicklung betrieblicher Informationssysteme. 1. Aufl. Bremen: CT Salzwasser-Verl.

VANTHIENEN, JAN (o. J.): Business Rules ans Decision Tables, veröffentlicht im Netz, URL: http://www.econ.kuleuven.ac.be/tew/academic/infosys/members/vthienen/download/Papers/br_dt.pdf, abgerufen am 30.04.2013

VASILECAS, OLEGAS; LEBEDYS, EVALDAS (2005): Business rules repository for business rules represented using UML. In: RACHEV, BORIS (Hg.): CompSysTech'05. Proceedings of the International Conference on Computer Systems and Technologies and Workshop for PhD Students in Computing: Varna, Bulgaria, 16-17 June. [Varna]: Bulgarian Chapter of ACM, S. II.5-1 - II.5-6.

WECKER, GREGOR; GALLA, STEFAN (2009) Pflichten der Geschäftsleitung & Aufbau einer Compliance Organisation. In: Compliance in der Unternehmerpraxis 2009, S. 49–72.

WILDE, THOMAS; HESS, THOMAS (2007): Forschungsmethoden der Wirtschaftsinformatik - eine Empirische Untersuchung. In: Wirtschaftsinformatik 49; Jg. 2007 (4), S. 280–289.

WITT, GRAHAM C. (2011): Writing effective business rules. [S.l.]: Morgan Kaufmann.

ZUR MUEHLEN, MICHAEL; INDULSKA, MARTA; KAMP, GERRIT (2007): Business Process and Business Rule Modeling Languages for Compliance Management: A Representational Analysis. In: GRUNDY, JOHN C. et al (Hg.): Challenges in Conceptual Modelling. Tutorials, posters, panels and industrial contributions at the 26th International Conference on Conceptual Modeling - ER 2007. Auckland, New Zealand, November 5-9, 2007. Proceedings: Australian Computer Society (CRPIT, 83), S. 127–132.

# Anhang – Übersicht über die ausgewerteten Artikel

| lfd. Nr. | Autor | Jahr | Kurzbeschreibung | Themenschwerpunkte | Forschungsmethode | Formalisierungsgrad d. Forschungsmethode | Forschungszweck |
|---|---|---|---|---|---|---|---|
| 1 | APPLETON | 1984 | Die Bedeutung von Geschäftsregeln für die Entwicklung von Informationssystemen | Def. Ident. | dA | A | E |
| 2 | APPLETON | 1986 | Regelbasiertes Datenmanagement im Kontext des ANSI-Schichtenmodells und moderner Datenmodellierungssprachen | Mod. | dA | A | G |
| 3 | MORIARTY | 1993 | Der Business Rules-Ansatz als neues Paradigma | Def. | dA | A | E |
| 4 | HERBST KNOLMAYER | 1995 | Klassifizierungsansätze für Geschäftsregeln | Klass. | dA | S | E |
| 5 | ODELL | 1995 | Die Klassifikation und Spezifizierung von Geschäftsregeln als Grundlage für eine automatisierte Transformation in ausführbaren Programmcode | Klass. Mod. | dA | S | E |
| 6 | SNEED ERDÖS | 1996 | Eine Methode zur Identifikation und Gewinnung von Geschäftsregeln aus Programmcode, dargestellt für Programme in COBOL | Ident. | Pt | | G |
| 7 | GOTTESDIENER | 1999 | Zur Bedeutung von BR und deren Identiffikation in Zusammenarbeit mit der Fachseite | Def. Ident. | dA | A | E |
| 8 | CHENG ET AL. | 2011 | Automatisierte Integration von Geschäftsprozessmodellierung und der Notation von Geschäftsregeln am Beispiel von BPMN und SBVR | Mod. | Pt | | G |
| 9 | BRG | 2000 | Entwicklung eines Metamodells zur Klassifikation von Geschäftsregeln | Def. Klass. | dA | S | E |
| 10 | ROYCE | 2007 | Einführung eines regelbasierten Workflowmanagement-Systems in der Versicherungsbranche | Impl. Proj. | Fs | | G |
| 11 | KNOLMAYER ENDL PFAHRER | 2000 | Geschäftsregelbasierte Geschäftsprozessmodellierung unter Verwendung der ECAA-Notation | Mod. | dA | S | G |

| 12 | REGEV WEGMANN | 2001 | Herleitung eines Ansatzes zur Darstellung des Zusammenhanges von Regeln ("Policy") und Zielen in Anwendungsfalldiagrammen | Mod. | dA | S | G |
|----|----|----|----|----|----|----|----|
| 13 | DEMUTH HUSSMANN LOECHER | 2001 | Ansätze zur Transformation OCL-basierter Spezifikationen von Geschäftsregeln in SQL-Code | Impl. | Pt | | G |
| 14 | STEINKE NICKOLETTE | 2003 | Überblick über verschiedene Forschungsrichtungen zum Thema Geschäftsregeln und deren praktische Bedeutung für die Entwicklung von Informationssystemen | Def. Klass. Ident. | Rv | | E |
| 15 | ORRIENS YANG PAPAZOGLOU | 2003 | Realisierung von Geschäftspozessen durch regelgesteuerte Verbindung ("composition") einzelner Web-Services | Impl. | dA | A | G |
| 16 | KNAUF ET AL. | 2004 | Ansatz zur Entwicklung von Testfällen für die Validierung von Geschäftsregelmengen | Verw. | Pt | | G |
| 17 | KOVACIC GROZNIK | 2004 | Top-down Ansatz der Identifikation von Geschäftsregeln zur Sicherstellung ihrer Rückführbarkeit im Rahmen einer strategischen Neuausrichtung | Def. Ident. | dA | S | E |
| 18 | LEZOCHE MISSIKOFF TININI | 2008 | Methoden zur Validierung von Regeln mit Hilfe von Entscheidungstabellen und Prüfung von Geschäftsprozessen auf deren Regelkonformität | Verw. | dA | F | G |
| 19 | CHARFI MEZINI | 2004 | Aspektorientierte Programmierung und Rule Engines als Implementierungsalternativen von Geschäftsregeln auf der Steuerungsebene | Impl. | dA | A | G |
| 20 | ETZION | 2005 | Darstellung des Verhältnisses zwischen Geschäftsregeln und Ansätzen zur Verarbeitung komplexer Ereignisse (Event-Processing) | Def. | dA | A | E |
| 21 | KOVACIC | 2004 | Die schrittweise Verfeinerung von Geschäftsprozess- zu Workflowmodellen mit Hilfe regelbasierter Modellierungsmethoden | Mod. | dA | S | E |
| 22 | SCHEER WERTH | 2005 | Bedeutung von Geschäftsregeln für das Prozessmanagement und Integration in das ARIS House of Business Engineering | Def. | dA | A | E |

| 23 | BAJEC KRISPER | 2005 | Darstellung einer Methodik und Konstruktion eines Prototypen zur ganzheitlichen Unterstützung eines Business Rule Managements in Organisationen | Def. Verw. | Pt | | G |
|---|---|---|---|---|---|---|---|
| 24 | VASILECAS LEBEDYS | 2005 | Die dezentrale Modellierung von Geschäftsregeln in verschiedenen UML-Diagrammen und zentrale Speicherung und Verwaltung in einem Repository | Mod. Verw. | dA | A | E |
| 25 | NAGL ROSENBERG DUSTDAR | 2006 | Vorstellung eines Prototypen zur serviceorientierten Verbindung verteilter Rule Engines, basierend auf RuleML | Impl. | Pt | | G |
| 26 | SPREEUWENBERG GERITS | 2006 | Unterschiede und Gemeinsamkeiten von Business Rules-Ansatz und Semantic Web-Initiative | Def. | dA | A | E |
| 27 | ZUR MÜHLEN INDULSKA KAMP | 2007 | Erforschung der Synergieeffekte von Sprachen zur Geschäftsprozess- und -regelmodellierung vor dem Hintergrund des Compliance-Management | Mod. | dA | F | K |
| 28 | HERBST ET AL. | 1994 | Vergleich gängiger Prozess- und Datenmodellierungsmethoden in Bezug auf deren implizite Modellierung von Geschäftsregeln | Mod. | dA | S | K |
| 29 | BLASUM | 2007 | Vorteile einer expliziten Implementation von Geschäftsregeln mittels Business Rule Engines, deren Funktionsweise und Einsatzmöglichkeiten | Impl. | dA | A | E |
| 30 | LINEHAN | 2008 | Transformation SBVR-basierter Modelle im Rahmen des MDA-Ansatzes der OMG | Impl. | Pt | | G |
| 31 | BRÜCHER ENDL | 2002 | Erweiterung der UML um Stereotypen zur geschäftsregelbasierten Modellierung von Geschäftsprozessen | Mod. | dA | A | G |
| 32 | GREEN ROSEMANN | 2002 | Untersuchung zur Wahrnehmung fehlender Modellierungsbausteine zur Modellierung von Geschäftsregeln in ARIS, insb. im Rahmen der Steuerungssicht | Mod. | Qa | | K |
| 33 | ROSS | 2007 | Unterscheidung zwischen Geschäfts- und Systemregeln | Def. | dA | A | E |
| 34 | BOLEY PASCHKE SHAFIQ | 2010 | RuleML als übergreifender Standard zur Transformation von Regelsprachen der Semantic Web-Initiative | Klass. Impl. | dA | S | E |

| 35 | HALPIN | 2007 | Vorschläge zur formalen und semi-formalen Darstellung alethischer und deontischer Logik in Geschäftsregeln | Mod. | Pt | | G |
|---|---|---|---|---|---|---|---|
| 36 | PETSCH PAWLASZCZY SCHORCHT | 2007 | Regelbasierte Koordinierung agen-tengestützter Transportprozesse | Def. Klass. Impl. | dA | A | G |
| 37 | ANDREESCU UTA | 2008 | Vergleich mehrerer, in der Literatur vertretener Geschäftsregelkonzepte | Def. | Rv | | K |
| 38 | PASCHKE KOZLENKOV | 2008 | regelbasierte Koordinierung von Geschäftsprozessen in Multiagenten-systemen | Impl. | dA | A | G |
| 39 | GOEDERTIER HAESEN VANTHIENEN | 2008 | Vorstellung eines Metamodells zur Integration regelbasierter Prozess-modellierungssprachen | Klass. Mod. Impl. | dA | S | G |
| 40 | PITSCHKE | 2010 | Die Integration von Geschäftsregeln und Geschäftsprozessen am Beispiel der Standards SBVR und BPMN | Mod. | dA | A | E |
| 41 | KAMADA GOVERNATORI SADIQ | 2010 | Die automatisierte Transformation von SBVR-konformen Geschäftsre-geln in die formale Beschreibungs-sprache Formal Contract Logic (FCL) | Impl. | Pt | | G |
| 42 | GOLBREICH | 2004 | Die kombinierte Anwendung von Inferenz auf Regelmengen in Ru-leML und Ontologien in OWL | Impl. | Pt | | G |
| 43 | SELLNER PASCHKE ZINSER | 2010 | Die Zusammenführung der Ge-schäftsregelmodellierung mit der natürlich-sprachlichen, subjektorien-tierten Geschäftsprozessmodellie-rung (S-BPM) auf der Basis einer gemeinsamen Ontologie | Mod. | Pt | | G |
| 44 | CHNITI ET AL. | 2010 | Transformation von OWL-basierten Ontologien in das fachliche Objekt-modell des BRMS JRules, als Grundlage für die Definition von Geschäftsregeln | Impl. | Pt | | G |
| 45 | OVERBEEK JANSSEN VAN BOMMEL | 2010 | Die SBVR-basierte Formulierung logischer, zeitlicher und geografi-scher Abhängigkeiten und deren Übertragung in eine formale Be-schreibungssprache zur integrierten Steuerung verteilter Dienste (In-tegrated Service Delivery). | Mod. | dA | S | G |
| 46 | NELSON ET AL. | 2010 | Einführung von BRMS bei ausge-wählten Unternehmen der Versiche-rungsbranche | Proj. | Fs | | K |

| | | | | | | | |
|---|---|---|---|---|---|---|---|
| 47 | KÖHLER | 2011 | Mögliche Kombinationsformen von Geschäftsprozess- und Geschäftsregelmodellierung im Rahmen des Prozess-Regel-Kontinuums nach Gartner, dargestellt anhand der Standards BPMN und SBVR | Mod. | dA | A | E |
| 48 | COSENTINO ET AL. | 2012 | Eine Methode zur Identifikation und Gewinnung von Geschäftsregeln aus Java-Programmcode | Ident. | Pt | | G |
| 49 | SPENCER | 1998 | Zur dezentralen Implementierung von Geschäftsregeln auf mehreren Schichten der Softwarearchitektur | Impl. | dA | A | E |
| 50 | VANTHIENEN | o. J. | Der Einsatz von Entscheidungstabellen zur Darstellung und Validierung von Geschäftsregeln | Mod. Verw. | dA | F | G |

## Legende:

| Kategorie | Abkürzung | Bedeutung |
|---|---|---|
| | Def | Begriff und Bedeutung |
| | Ident. | Identifikation |
| | Klass. | Klassifikation |
| Themenschwerpunkt | Mod. | Modellierung |
| | Impl. | Implementation |
| | Verw. | Verwaltung |
| | Proj. | Projektierung |
| | dA | Deduktive Analyse |
| | Pt | Prototyping |
| Forschungsmethode | Fs | Fallstudie |
| | Qa | Querschnittsanalyse |
| | Rv | Review |
| | A | Argumentativ |
| Formalisierungsgrad | S | Semiformal |
| | F | Quantitativ / Formal |
| Forschungszweck | E | Beschreibung und Erklärung |
| | G | Gestaltung und Konstruktion |
| | K | Bewertung und Kritik |

6709814R00077

Printed in Germany
by Amazon Distribution
GmbH, Leipzig